Os Sons do Adeus

da origem aos últimos dias

de Padre Cícero

GOUVEIA DE HÉLIAS

Os Sons do Adeus

da origem aos últimos dias

de Padre Cícero

editora PASAVENTO

Os sons do adeus : da origem aos últimos dias de Padre Cícero / Gouveia de Hélias. *2015*

Ilustração
Valkman Gouveia

Colaboração na pesquisa
Marlene Noronha

Fotografia
Marlene Noronha

Revisão
Marlene Noronha | Tuca Mello

Projeto Gráfico, Capa
Leonardo Mathias | leonardomathia0.wix.com/leonardomathias

Dados Internacionais de Catalogação na Publicação (CIP)
Bibliotecária Juliana Farias Motta CRB7- 5880

H475s Hélias, Gouveia de.

Os sons do adeus : da origem aos últimos dias de Padre Cícero / Gouveia de Hélias ; Ilustrações Valkman Gouveia. – São Paulo : Pasavento, 2015.
272 p..; 16x23 cm.

ISBN 978-85-68222-04-1

1.Cícero, Padre,1844-1934. 2. Batista, Cícero Romão, 1844-1934. 3. Romão Batista, Cícero,1844-1934.4. Igreja Católica - Clero - Biografia.I. Gouveia,Valkman, ilus.II Título.III.Título : da origem aos últimos dias de Padre Cícero

CDD – 922.2

Índice para catálogo sistemático:

1. Cícero, Padre,1844-1934
2. Batista, Cícero Romão, 1844-1934
3. Romão Batista, Cícero,1844-1934
4. Igreja Católica - Clero - Biografia

Editora Pasavento
www.pasavento.com.br

Dedico

Ao Suça, cunhado querido e saudoso (*em memória*)

Aos meus filhos

Valkman

Ojana

Adjara

... e netos

Allan Victor

e Sophia

Igreja de Nossa Senhora das Dores – Juazeiro do Norte/CE.
(Foto: Marlene Noronha*).*

SUMÁRIO

Apresentação

PADRE CÍCERO ROMÃO BATISTA E ARTE CRIADORA

A figura humana do Padre Cícero Romão Batista permanece viva até hoje, e irá além... Integrou-se à História do Brasil, vinda dos confins dos sertões cearenses, região do Cariri, onde nasceu em 1844 e faleceu noventa anos depois, deixando um rastro de benquerença aos desvalidos no campo econômico-social e de contradições no teológico e político. É vasta a sua bibliografia, que vai do folclórico ao minucioso estudo sociológico, histórico, científico e religioso, buscando bem situá-lo no campo regional onde surgiu e se extrapolou ao nacional e além fronteiras.

Figuras assim, de carisma extraordinário e fulgurância de abrangências múltiplas, não são fáceis de serem estudadas e analisadas. É que, para além do social, político e religioso, integram-se, pulsantes, à própria caminhada da Nação.

Eis porque – vê-se bem – o autor desta obra não buscou o caminho didático de mais uma biografia, somando-a a tantas outras sobre o Padre Cícero Romão Batista. Da sua biografia pontuou, confirmou e aproximou-se dos conhecimentos nodais: nascimento, vida religiosa e paroquiana, além de fatos conhecidos e repisados ao longo dela.

A imanência aqui é outra. Fez da obra uma rosa-dos-ventos, poliédrica, dando vida e latejância a várias figuras do povo desvalido, que foi, em somatório crescente, de percepção quase divinatória, em busca da Meca do Cariri – Juazeiro do Norte, onde o Padre Cícero Romão Batista apadrinhava todos.

Dos peregrinos de Pacatuba, pequena cidade próxima a Fortaleza, ao Cego Violeiro, e de outros tipos que o autor descreve, dentre a leva dispersa que fluía para Juazeiro do Norte, torna-se bastante emblemática a figura de Militão Vidigal, quase uma novela realista à parte, desnorteante e doída, e que chegaria a arrimo particular e forte do Padre Cícero Romão Batista. Tais reportagens de grupos e criaturas assim dão o tom e tônus do que foi, de fato, o entrevero acontecido. Como deslindar o todo acontecido numa simples apresentação da obra? O "milagre da comunhão" da beata Maria de Araújo e a criação do Caldeirão, de vida comunitária socialista e religiosa, são pontos e contrapontos da ascensão e refluxo do todo histórico e verdadeiro.

Tudo no livro é cinema em preto e branco. Entra nos olhos do leitor quase em terceira dimensão, porque o autor equilibra bem o descritivo com o narrativo. E a dialogação, quando vem, é sempre oportuna e essencial. Não faz ficção no sentido restrito do termo. Centralizou a figura do Padre Cícero Romão Batista numa verdadeira ciranda, tangível, latejante de perplexidades, unindo e trazendo ao vivo uma verdade histórica que nasceu, cresceu, transfigurou-se e continua imperecível.

Gouveia de Hélias não toma partido nos entreveros religiosos, sociais e políticos. Tudo conta, valendo-se de um estilo apurado e límpido, dono que é de um talento criador notável para como dizer e bem delinear o todo acontecido, ido e sobrevivido. Fez História e Arte Criadora, distanciando-se do biográfico tradicional, dando ao tema uma visão mais sentida e palpitante aos olhos do leitor. As ilustrações, fotográficas e artísticas, pulsam bem ao correr do livro. Este descortinar criador deu leveza aos documentos frios, sem desbordar para o irreal ou fantasioso.

Para obra desta qualidade repito sempre o que afirmava a querida escritora Rachel de Queiroz: é ler e tirar a prova.

Como aqui.

São Paulo, 24/07/2014.

Caio Porfírio Carneiro

Escritor, crítico literário, conselheiro
da União Brasileira de Escritores.

A HORA MAIS TRISTE

Juazeiro do Norte, Ceará. Sexta-feira, vinte de julho de 1934. Às sete horas, Padre Cícero falece.

Depois de espalhada a notícia, as estradas do Vale do Cariri vão se cobrindo de sertanejos. Da comunidade do Caldeirão, os agricultores-penitentes do beato José Lourenço deixam seus roçados e tomam as veredas do Crato. Chegam a Juazeiro desfilando em procissões desordenadas, cobrindo-se de cinzas e carregando pedras sobre suas cabeças feridas.

Os que vão chegando atravessam o Horto em direção à esplanada da igreja matriz, perdidos, sem norte, chorosos e ao deus-dará. Preparando-se para o funeral, sertanejas sem recursos buscam sementes de jucá e lama negra de riachos na tentativa de tingir seus véus, echarpes e vestidos em preparação para a prolongada quaresma e para o luto fechado da insólita celebração do pesar. *Incelências* são entoadas.

A residência de Padre Cícero converte-se em um getsêmani colorido, onde flores de diversos encantos e padrões são espalhadas. Duas fragrâncias dominarão o ambiente por aqueles dias: o perfume nauseabundo proveniente dos cajados-de-são-josé – *lírios-do-mato*, como eram vulgarmente conhecidos

– enviados de Porteiras pelos parentes do coronel Raimundo Cardoso dos Santos e o fortum tenebroso da queima de eucaliptos.

Comitivas estaduais e municipais apresentam-se para o velório. O ano de 1934 carregaria um anátema, seria como uma cicatriz a marcar a face de uma das eras mais significativas do Ceará. Padre Cícero deixava de luto um Cariri entristecido, estigmatizado e sofrendo profunda melancolia.

O funeral é histórico. Mal amanhece o dia – vinte e um de julho, cinzento e descompassado –, as estradas do Cariri vão se convertendo em rios de fluxos perenes. O luto nubla ruas e praças. Milhares de peregrinos descem do Crato, de Barbalha, de Milagres, atravessam a colina do Horto, buscam os baixios do Socorro, sonhando com a possibilidade de olhar pela última vez o semblante funéreo de Padre Cícero. Chegam a pé, em mulas, aos grupos. Desfilam enternecidos, alheados, lamuriosos. A dor iguala a todos. Beatos com suas alvas acolchoadas, que chamavam de *vestimentas sacrificosas*, encabeçam procissões. Chegam a dividir com os mendigos as calçadas das ruas de Juazeiro. É visto, ali, José Lourenço, o líder religioso dos agricultores-penitentes, ao lado de José da Cruz, um beato de olhos chorosos, voz murmurante, todos perdidos na orfandade mais dolorida. Beato José da Cruz porta um estandarte sobre os ombros e se comporta frente ao féretro de Padre Cícero como o mais infeliz de seus afilhados.

Beato José da Cruz Beato José Lourenço

Beatos da Ordem dos Penitentes, do acervo do Memorial de Padre Cícero – Juazeiro do Norte/CE. (Foto: Marlene Noronha).

Conta-se que ao ter sido constatado o passamento de Padre Cícero, beata Mocinha emitira um grito de dor tão lancinante que chegara a ser ouvido pelos peregrinos que se postavam em frente à igreja de Nossa Senhora das Dores.

No cortejo para a igreja do Socorro, a multidão movimenta-se desconsolada. As dissonâncias melancólicas dos lamentos, ladainhas e *incelências*, que se chocam com os sons monocórdios das rabecas e das matracas litúrgicas, estendem-se por todas as ruas, largos e praças de Juazeiro. Esses seriam os sons do adeus, a trilha sonora que ficaria gravada na memória dos cearenses. No sepultamento, cantam a Nossa Senhora das

Dores; as Beatas Leigas do Sagrado Coração de Jesus iniciam uma emocionada salva de palmas. Juazeiro vivia sua quaresma de luto, desolação e saudades. Entravam na era da orfandade o Vale do Cariri e todos que tinham gravado na alma o nome do "bom Padrinho".

Reprodução

Cortejo do sepultamento de Padre Cícero.

No entanto, de 1912 a 1914, esses mesmos devotos recorreram às armas para defender Juazeiro e invadir Fortaleza. Mas como puderam entregar-se à violência, indivíduos assim, voltados a Deus, há muito apaziguados e vivendo à luz de uma filosofia de amor? É que o profano, representado pelo projeto guerreiro liderado por Floro Bartolomeu, fora validado pelo sagrado[1] que era bem maior e estava ligado às manifestações milagrosas que envolviam Padre Cícero e às aspirações espirituais de milhares de sertanejos.

1 "Qualquer que seja o contexto histórico em que esteja imerso, o homem religioso acredita que existe uma realidade absoluta, o sagrado, que transcende este mundo, mas que se manifesta nele e, por isso mesmo, santifica-o e o faz real." Mircea Elíade (1907/1986) (Cf. Croatto, 2001, p.54).

ANOS ATRÁS, NO VALE DO CARIRI

Mas, voltemos no tempo. Volvamos, inicialmente, ao ano de 1913 e seus arredores.

Desde o primeiro milagre, em 1889, o Ceará e em particular o Vale do Cariri estavam vivendo sob um clima de realismo mágico. Chegam a 1913 obedecendo ao mesmo padrão. O real eram as secas, a fome, o abandono dos sertanejos, o sol sempre no zênite, a presença de Padre Cícero – clérigo polêmico e político histórico – com suas falhas, contradições e qualidades admiráveis; o mágico, aquela aura poético-místico-profana de natureza encantada que apaixonava milhares de brasileiros. O Vale do Cariri viveu eventos mágicos por aquelas quadras, dignos da narração em gênero literário diferenciado; daí a razão deste livro: meio história, meio reportagem.

Para narrar com maior paixão os fatos daquele período, o autor, mesmo não sendo religioso e também não tendo predileção por nenhuma figura política que à época atuava no Ceará, assume um ponto de vista emocionado, o mesmo daqueles que se posicionavam ao lado de Padre Cícero. Mostrará a jornada de um pistoleiro, o redencense Militão Vidigal, que foge dos piquetes policiais e vai pleitear refúgio junto ao Padre de Juazeiro. A cronologia gira em torno do ano de 1913. São tempos difíceis quando nas mãos de manhosos chefes políticos regionais e oligarcas interesseiros, o Ceará vai sendo conduzido para uma situação desesperadoramente caótica, principalmente para os trabalhadores rurais. Época em que cresce entre os sertanejos a fama de Padre Cícero como o padrinho dos pobres, dos desamparados e esmorecidos.

O PISTOLEIRO MILITÃO VIDIGAL

Militão era filho de Tributino Vidigal, um negro alforriado residente nos contrafortes das serras de Redenção, cidade situada nas proximidades de Fortaleza. Vivera uma meninice relativamente serena. Aprendera a tecer utensílios de palha, capinava um roçadinho de subsistência nos arredores da moradia; enfim, cultivava hábitos saudáveis até que, ao assassinarem seu pai, entregara-se aos instintos mais primitivos.

Por ser prática a vingança naqueles dias – idos de 1900 – Militão confronta o criminoso, executa-o e cai nas estradas, transformando-se dali por diante no pistoleiro mais letal e mais sem Deus que os sertões do Ceará já tiveram a infelicidade de conhecer.

No final de 1913 o encontramos atravessando o Vale do Cariri. Os anos e anos de tropelias, as forças policiais que nunca lhe davam trégua e mais um crescente e incômodo vazio interior acabaram por persuadi-lo a largar aquele modo de vida sem glórias e procurar Padre Cícero. No período de suas andanças, chegara a cometer tantas mortes que nenhum outro bandoleiro nos sertões por onde andara chegou a prevalecer sobre ele.

O pistoleiro Militão Vidigal chega a Juazeiro do Padre Cícero.
(Ilustração: Valkman Gouveia).

Se já nos últimos meses Militão se arrastava pesaroso, maldizendo-se da sorte pela carga de homicídios que acumulara na alma, ao chegar a Juazeiro seus furores logo foram se dissipando. A afabilidade dos tempos da adolescência não demorara muito a voltar. Era o resultado da força que promanava da personalidade descomplicada e boa de Padre Cícero. Sem sequer perceber, passados alguns meses, do homem amoral e despersonalizado que fora pouquíssimo restara. Seguindo os passos de beata Mocinha, tornar-se-ia um abnegado servidor da casa de Padre Cícero. No final de seus dias, integrado à região e considerado pelo sacerdote como um filho natural e muito amado, já era uma alma inteiramente apaziguada e feliz.

A intenção inicial deste autor era mostrar a trajetória de Militão, fazendo-o personagem central, no período que vai de 1900 a 1913, época em que vagara semeando tragédias pelos povoados do sertão cearense. Propunha-se mostrar a crise existencial que nos últimos anos acometera esse pistoleiro e a pressão policial que o forçara a buscar refúgio nas terras de Padre Cícero.

Em síntese, o assunto dominante desta história seria o estritamente circunscrito à personalidade destorcida de Militão Vidigal e àquele período de sua vida que o transformara em um fugitivo inconsequente, sempre respaldado pela força de seu fuzil. No entanto, o anteriormente pensado, isto é, fatos, lugares e personagens ligados a esse pistoleiro, tudo fora sobrepujado em face do encantamento do autor pela singularidade da contribuição histórica de Padre Cícero e frente aos acontecimentos que à época incendiavam o Vale do Cariri e se alastravam por todos os cantões do sul cearense. De igual modo, ganhou prioridade neste livro a trajetória de um seguidor e amigo de Padre Cícero, o paraibano José Lourenço, beato fundador da comunidade dos agricultores-penitentes que se estabelecera numa região do município do Crato.

Para abarcar, portanto, mais efetivamente os fatos passados no Ceará em torno de 1913, esta narrativa fará uma jornada por veredas instigantes, seguindo os passos do pistoleiro Militão Vidigal. Sem obedecer a um rígido e retilíneo andamento cronológico, mostrará fatos significativos da trajetória de Padre Cícero até seus últimos dias em 1934. Descreverá o final melancólico dos agricultores-penitentes de José Lourenço, ou seja, o desbaratamento daqueles devotos e a total extinção de sua comunidade, horror imposto com a ajuda, inclusive, de aeronaves enviadas da Capital Federal.

Alguns registros usados nesta composição foram aproveitados de relatos domésticos, histórias rurais vazadas da tradição oral e passadas de pai para filho. Os atos extremos praticados pelos "Lenços Encarnados", por exemplo, que eram piquetes armados a serviço dos inimigos de Padre Cícero e que o autor fará assomar em algumas páginas deste trabalho, foram ouvidos em histórias contadas por suas irmãs. Conforme veremos, a função dos "Lenços Encarnados" constituir-se-ia, basicamente, em interceptar devotos que viajavam a Juazeiro a fim de se engajar na causa do sacerdote. Porém, nada mais foi encontrado que mencionasse e tornasse oficial a existência desses piquetes que naquelas histórias surgiam e desapareciam pelas estradas como fogos-fátuos suspensos no ar.

Este livro teve, portanto, que se dobrar ao homem histórico, Cícero Romão Batista, e a tudo o que se passava por aqueles idos, no Vale do Cariri. O autor achou por bem priorizá-los por serem assuntos que se prestavam a uma caminhada literária interessante, visto ir do concreto, que é a realidade das secas e de um povo carente de justiça social, às esferas mágicas de um mundo separado de tudo o que é racional e terreno. A Militão, a José Lourenço e a mais um escol de personalidades da época restara a honra de interagir como figuras periféricas ao redor do Padre de Juazeiro.

A GÊNESE

Tudo começa no final da década de 1880, no povoado de Tabuleiro Grande, primeira paróquia assumida por Padre Cícero. Lá, dá-se o mais controverso dos acontecimentos daquele final de século. O fato que marcou o ano de 1889 e que levou o Vale do Cariri para o foco das atenções: a hóstia que se transformou em sangue ao tocar a língua de uma das integrantes das Beatas Leigas do Sagrado Coração de Jesus, irmandade fundada por Padre Cícero. A partir daí começa a trajetória empolgante do sacerdote

Em 1872, Padre Cícero havia assumido a paróquia de Tabuleiro Grande depois de ter passado dois anos, a contar de sua ordenação, no Colégio Padre Ibiapina onde lecionara Latim. Esse povoado ficava localizado em uma zona agreste do município do Crato. Lá, receberam o desconhecido vigário com grande contentamento. Segundo informações de uma paroquiana da época, o Padre Cícero daqueles dias era jovial e excessivamente "branquinho", loiro e de expressivos olhos azuis, mas já inteiramente devotado à caridade cristã. Assumira a freguesia com disposição e coragem e, dezessete anos depois, veria sua igreja se transformar em receptáculo de uma série de milagres os quais deixariam maravilhada grande parte da população brasileira.

O primeiro desses milagres acontece em uma manhã de sexta-feira de março, na quaresma do ano de 1889. Será o primeiro de uma série de prodígios que concorrerão não só para mudar a trajetória clerical do sacerdote, mas toda a face do Vale do Cariri.

O PRIMEIRO MILAGRE, PASSO A PASSO

Igreja de Nossa Senhora das Dores. Quinze para as cinco da manhã. Padre Cícero deixa o confessionário depois de ter resolvido antecipar a comunhão a algumas mulheres que pertenciam ao corpo da Irmandade das Beatas Leigas do Sagrado Coração de Jesus, oito devotas ao todo. Seria uma deferência às cansadas senhoras que haviam permanecido toda a noite em claro, empenhadas na organização dos fiéis que lotavam a igreja, prática repetida em todas as primeiras sextas-feiras do mês.

Ele vai ao altar, coloca por cima da sobrepeliz uma estola roxa que conforme o calendário do rito romano é a cor estabelecida para aqueles dias de cinzas e tomando da Âmbula desce em direção às beatas. Depois que as despachasse retornaria ao confessionário onde ainda o aguardavam centenas de penitentes.

A última hóstia que oferece transforma-se em sangue ao tocar a língua de uma das comungantes, jovem senhora conhecida por sua imensa religiosidade. Por nada perceber, Padre Cícero se encaminha para o altar onde guardará os utensílios litúrgicos usados na distribuição eucarística.

Nesse átimo, talvez questão de segundos, a beata, que teme já ter comungado fragmentos da hóstia que sangra, tem um momento de desespero. Domina-se, todavia. Não com som audível, mas com os olhos, que ela conserva muito abertos e com gestos, roga pela imediata atenção do sacerdote. Enquanto espera o socorro de Padre Cícero, ela se utiliza da toalha que era usada como aparador na mesa da comunhão, analisa os resíduos que recolhera da boca e que contrastavam com a brancura do linho, e seu coração se acelera. O fluido escarlate que minava do pão eucarístico era real demais, concreto demais, não havia como negar ser algo que desafiava sua razão. Um intenso rubor a incendeia, porém, reage. Sempre se mostrara ser uma mulher decidida.

Os momentos que se seguem são mágicos e dramáticos demais, ninguém naquela igreja jamais iria esquecer. A beata olha duas, três vezes na direção do altar tentando chamar a atenção do sacerdote. Ao ter sentido em sua língua a hóstia intumescida, quantas interrogações, dúvidas, ímpetos de desespero não a teriam assaltado naqueles segundos excruciantes? A toalha em suas mãos estranhamente manchada de vermelho era prova insofismável de que algo grandioso, fora do natural e que fugia à sua compreensão, ali estava se processando. Ela precisa urgente de uma análise abalizada. Decide-se. Vai com passos largos na direção do altar.

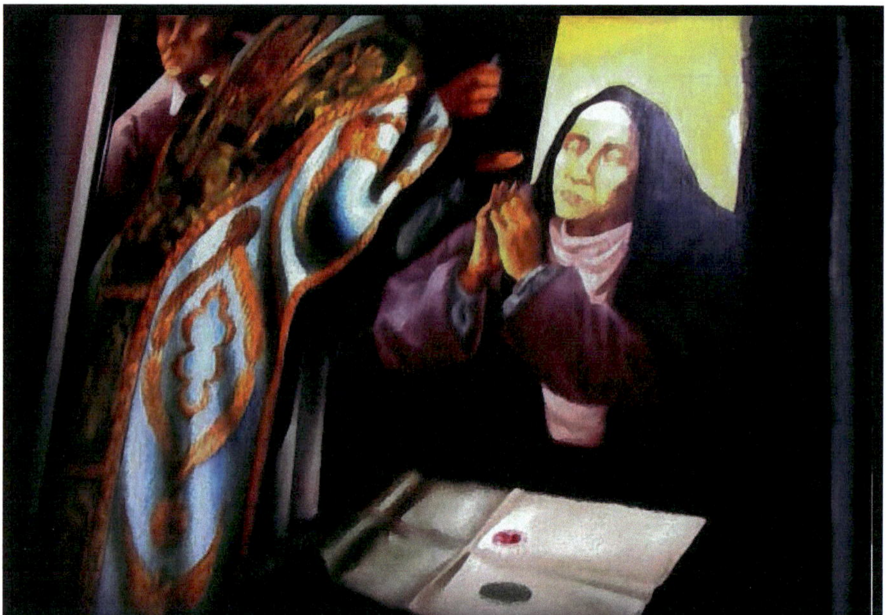

Representação do instante do milagre, do acervo do Memorial do Padre Cícero – Juazeiro do Norte/CE.
(Foto: Marlene Noronha).

Nessa hora, alguns fiéis que aguardavam a missa das oito lançam olhares indagadores. Apesar de se encontrarem distantes, na parte mais recuada da igreja, vislumbram uma movimentação incomum. Desconfiados de que algo anormal acontecia e tocados por um reflexo coletivo, todos se postam de pé. Ali eram vistas pessoas chegadas do Crato, de Barbalha, atraídas pelo clima espiritual de Tabuleiro Grande e magnetismo de Padre Cícero. Seguem com os olhos os passos da religiosa. Alguns a reconhecem. Trata-se de Maria Magdalena do Espírito Santo de Araújo, a beata Maria de Araújo, à época, com aproximadamente vinte e sete anos de idade. Desde a adolescência, destacara-se por seu ardor místico e por sua zelosa colaboração nos eventos da freguesia. Era mulher benquista pelos moradores e muito querida por Padre Cícero.

O instante é dramático. Maria de Araújo alcança o altar e sussurra algo ao sacerdote que a olha surpreso e preocupado. Ele tem um instante de titubeio. Confabulam. Ela lhe mostra a toalha, ele pega o corporal e a patena; tudo então se processa com rapidez. Parte da hóstia que apresenta uma coloração escarlate e que eles ainda tentam disfarçar nas dobraduras do linho é devolvida à patena. Procuram não despertar atenção. Agem com cautela para que respingos não venham a cair sobre o piso. Leva alguns minutos para que as outras beatas compreendam o caráter extraordinário e delicado daquele evento intangível. Padre Cícero procura inicialmente preservar o que restara da hóstia – matéria residual da presumível transubstanciação –, enquanto ampara Maria de Araújo que se encontra em um estado bastante alterado. Ele segura com cuidado a toalha. A natureza divinizada do pão eucarístico impõe que o manipule com o máximo de atenção.

Maria de Araújo conserva um novo corporal nos lábios, conforme aconselhara o sacerdote, e nessa hora seu respeito é imenso. Padre Cícero e as senhoras da Irmandade das Beatas Leigas procuram ajudar Maria de Araújo que é vista bastante emocionada. Levam-na para um recanto da sacristia.

Sentam-na. Ela permanece com a mão esquerda levantada onde ainda dava para ver um fio de sangue que havia sido salpicado em seu braço. Segundo recordação de pessoas que viveram o momento, a devota, que em todo o processo demonstrara manter uma calma admirável, começara a entrar em um estado intermediário entre sonolência e vigília. No entanto, sua fortaleza e a convicção de que algo inolvidável e indiscutivelmente verdadeiro – e belo – acabara de lhe acontecer a fizeram voltar ao normal.

Momento da transubstanciação da hóstia, do acervo do Memorial de Padre Cícero – Juazeiro do Norte/CE.
(Foto: Marlene Noronha).

Forma-se imediatamente em torno do celebrante e de Maria de Araújo uma roda constituída pelas senhoras pertencentes à irmandade local. Todas queriam testemunhar, inserir-se mesmo na cena do maravilhoso acontecimento e se colocar à disposição do sacerdote e da amiga miraculada.

Duas horas depois, graças à extraordinária presença de espírito e fleuma de Padre Cícero, tudo toma outra vez seu curso normal.

Fora um acontecimento sem precedentes no Vale do Cariri. Mas, oh pobre beata! No futuro, iria ser perseguida, vilipendiada, confinada; a comissão enviada pelo bispado e que a questionaria, utilizar-se-ia de um jogo rasteiro, mas a lógica em suas respostas sempre seria clara, racional e inquestionavelmente persuasiva.

Durante o restante do dia, a igreja de Nossa Senhora das Dores vê-se em meio a um redemoinho de sentimentos desencontrados. O patamar e as imediações estão tomados de paroquianos. Há uma corrida irracional de devotos querendo entrar na sacristia. Queriam ver Maria de Araújo, mas, principalmente, tentavam ao menos ter um vislumbre, mesmo que fosse fugidio, do corporal manchado de sangue e dos resíduos da hóstia. Todos desejam conversar com a beata, colher suas impressões, saber o grau extraordinário de emoção que a tomara na hora em que se dera o evento. Muitos se contentam em apenas vê-la; raros terão a chance de abraçá-la. Ela está petrificada, conserva ainda muito da palidez que a tomara naquele transe indescritível.

Durante todo o restante do dia, há uma procura constante por Padre Cícero. Paroquianos tentam falar-lhe. Para onde vá há olhares indagadores. Futuros beatos o espreitam, imbuídos de uma admiração fanática, de uma meiga e compenetrada devoção que iria extrapolar nos anos posteriores. Seria o início de uma paixão nova e comovedora que logo se disseminaria por todo o sertão nordestino.

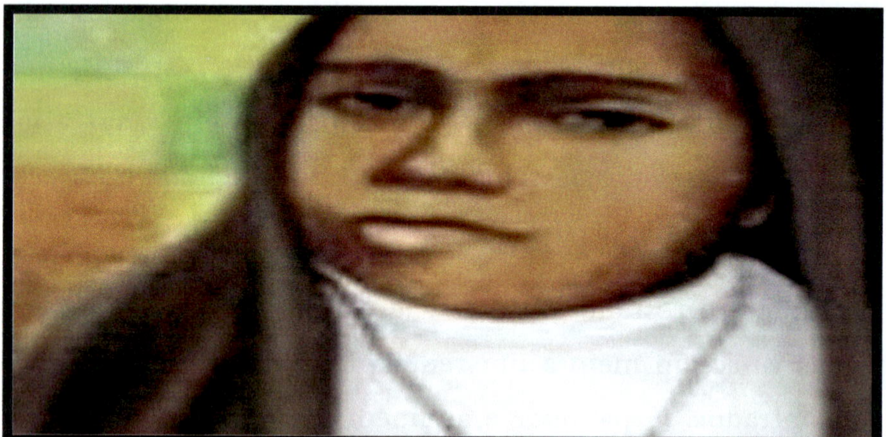

Maria de Araújo com hábito da Ordem das Beatas Leigas, do acervo do Memorial de Padre Cícero – Juazeiro do Norte/CE.
(Foto: Marlene Noronha).

Em um curto espaço de tempo, a notícia atravessa o Vale do Cariri e chega a Fortaleza. O Bispo Dom Joaquim e a ala dirigente da Igreja do Ceará ficam deveras apreensivos. Há reuniões constantes nas salas de seus palácios. Pensam em analisar Padre Cícero, em submetê-lo a um severo escrutínio; enviam cartas para o exterior, telegramas, delegam a Padre Alexandrino Alencar a missão de seguir os caminhos que pudessem levar à origem de um possível embuste. Mas, enquanto o clero discute o destino do pároco de Juazeiro, os devotos sertanejos já começam a planejar romarias, a enaltecer Maria de Araújo e glorificar o nome de seu confessor.

A INVISIBILIDADE DOS SERTANEJOS

Esse milagre acontecido no Cariri tivera o dom de renovar o ânimo dos abandonados do campo, aqueles invisíveis e sem esperança que tomavam as estradas do Ceará devido à falta de chuvas e consequente escassez de alimentos.

Os efeitos da estiagem de 1877, cognominada de "flagelo dos dois setes", a pior crise de fome já acontecida na área classificada de polígono das secas, ainda repercutiam no campo. Então, deu-se a transubstanciação da hóstia. Localidade melhor a providência não poderia ter escolhido. Aconteceu no Brasil interiorano, no nordeste, nos sertões ressequidos do sul cearense, onde mais dramaticamente as pessoas eram espezinhadas e largadas à sorte desde os primórdios da colonização desenvolvida por Portugal.

De fato, as Capitanias Hereditárias e o Sistema de Sesmarias foram projetos que se tornaram a base dos feudos e dos imensos latifúndios que se levantaram no campo. Dentro daqueles sistemas, os direitos fundamentais criados para todos os cidadãos não abarcavam a esquecida massa de sertanejos. Longos anos de abandono, estagnação e pobreza derrubaram ao rés do chão o moral dos trabalhadores agrários. Somem-se a isso as precipitações de um fenômeno natural e frequente: a seca que sempre incendiara os sertões, fiel em sua constância, letal em sua abrangência.

Naquela segunda metade do século dezenove, as estradas viviam apinhadas tantos eram os retirantes em tresloucadas arribações. Havia um fluxo tenebroso de flagelados que fugiam das secas, arrastando suas desilusões por veredas e sendas desconhecidas. Então, chega o ano de 1889 e dá-se o milagre; então, ouve-se falar na existência de Padre Cícero. Desse momento em diante, os abandonados começam a sentir que não estão mais sozinhos. Alguém, afinal, chegava para promover seu resgate do limbo do esquecimento. No entendimento daqueles sertanejos, fora criado um liame entre a Terra e o Céu, cujo pontífice era o Padre de Juazeiro. Aos poucos, paulatinamente, a fama do sacerdote fora ultrapassando fronteiras, esparramando-se por todo o sertão cearense e além.

A notícia do milagre espalhou-se imediatamente por vilas e povoados até alcançar Fortaleza. Afetaria a carreira clerical de Padre Cícero, faria entrar o Vale do Cariri e a seguir quase toda a população católica do Ceará em uma era de ardor místico e paixão espiritual desenfreada.

A partir desse evento – assombroso e inolvidável para os habitantes do campo – há uma indefinida e crescente euforia nas áreas rurais. As veredas que cortam o Vale do Cariri enchem-se de peregrinos. Inaugura-se um tempo novo em que beatos com suas alvas pesadas de tecidos rústicos – as vestimentas *sacrificosas* – marcham liderando romarias em busca de Padre Cícero. Depois do milagre, Cariri por inteiro parecera se engalanar para receber em banquetes espirituais sucessivos milhares de visitantes.

De 1889 em diante, era comum se deparar com romarias em procissões emocionadas que cantavam e rezavam, avançando estrada afora em direção à nova "Jerusalém Sertaneja". Imantadas pela força avassaladora que nascia de seu padrinho e de uma plêiade de santos benevolentes, levas e mais levas de peregrinos desaguavam diariamente em frente à esplanada da igreja matriz de Nossa Senhora das Dores. Mil vozes estranguladas davam vivas à Mãe das Candeias e ao senhor Padre Cícero:

> *"Bendito e louvado seja a luz que mais 'alumeia'*
> *Bendito e louvado seja a luz que mais 'alumeia'*
> *Valei-me meu padrinho 'Ciço' e a Mãe de Deus das Candeias."*[2]

---

2 Versos de Domínio Popular.

A antiga freguesia de Tabuleiro Grande, agora chamada Juazeiro do Padre Cícero, vai se transformando em uma terra encantada e seu vigário torna-se gradativamente o padrinho dos tristes, dos miseráveis e dos esquecidos.

A partir do milagre da hóstia, os famintos por sobrevivência, os teimosos que a miséria não envergara, os esperançosos que buscavam em divindades intangíveis alguma espécie de auxílio espiritual, esse exército de necessitados acorria em massa a Juazeiro atrás da luz que nascia de Padre Cícero e das graças da Mãe das Candeias.

É num desses grupos que surge José Lourenço. Ele estaria fadado a se tornar para os explorados sertanejos do município do Crato o beato que lhes daria a esperança com a qual nunca haviam ousado sonhar. Para aquelas centenas de agricultores, gente surrada pelas secas, pessoas já sem norte, a força de propósitos de José Lourenço só seria suplantada pela energia espiritual que emanava de Padre Cícero. José Lourenço ligar-se-ia à história do Vale do Cariri como o criador de uma comunidade de agricultores-penitentes, economicamente autossustentada, cujos membros se dedicavam ao cultivo da lavoura e à promoção de novenas e procissões.

Por liderar uma comunidade agrícola-religiosa baseada na divisão igualitária dos frutos do trabalho – algo aproximado, poderia ser dito, a um sistema de comunismo primitivo –; por ser um protegido de Padre Cícero e por praticar um catolicismo popular adequado à realidade rural, José Lourenço tornar-se-ia *persona non grata* aos olhos dos dirigentes seculares e eclesiásticos do Ceará.

O BEATO JOSÉ LOURENÇO

Ele era oriundo de Pilões de Dentro, na Paraíba. Se já era religioso, quando ouve falar da grandeza do ministério exercido por Padre Cícero, abdica da maioria dos privilégios do homem comum e começa a se dedicar a uma vida de penitências. Acreditava na fuga do ócio, na contrição sincera, no trabalho árduo como forma de chegar mais próximo da beatitude plena, estágio que o conectava às divindades do Céu.

Quando se dá o milagre e a notícia o alcança, ele, cheio dessas virtudes, imediatamente pensa em deixar a Paraíba, atraído pelo cântico da nova "Jerusalém" cearense. Como agricultor e dedicado católico, tem a intuição de que não só Juazeiro, mas todo o município do Crato logo se transformará em um lugar ideal, em um paraíso perfeito, onde o bom cristão poderá trabalhar e se dedicar às práticas de uma vida laboriosa e ordeira.

Empolgado, então, por esses sonhos místicos e pelas boas novas que não paravam de chegar do Vale do Cariri e convicto da viabilidade de seu projeto, que beneficiaria um bom número de abandonados do campo, José Lourenço deixa sua Pilões de Dentro e se introduz pelas veredas do Estado do Ceará, naquela altura já sulcadas por peregrinos.

Chega ao Vale do Cariri, arrenda um sítio na região do Baixa Dantas, município do Crato, instala-se e começa a pôr em prática aquele que seria o embrião de um projeto comunitário sem precedentes ali nas vizinhanças de Juazeiro. Irá desenvolvê-lo em sua plenitude, anos depois, em 1926, na fazenda Caldeirão da Santa Cruz do Deserto, propriedade também situada no município do Crato e cedida por Padre Cícero. José Lourenço pensava a sobrevivência dos pobres como algo prioritário por isso caíra no agrado do sacerdote cuja alma plena de compaixão sofria pela miséria dos menos favorecidos.

Mostrar-se-ia de fato um empreendimento valoroso porque beneficiava aqueles sertanejos sem lar, sem esperança, sem trabalho que diariamente chegavam a Juazeiro atrás da ajuda de Padre Cícero. Geralmente eram pais de famílias enxotados pelas secas, homens explorados pelo latifúndio, esmorecidos devido às intempéries, cujas únicas riquezas consistiam em uma enxada às costas e numa crença arraigada nos santos de seu panteão.

Assim, com a aprovação de Padre Cícero, José Lourenço começa a construir os fundamentos da nova comunidade, tendo como base um sistema calcado no trabalho cooperativo e na divisão equitativa dos seus resultados – empreendimento jamais ensaiado no Vale do Cariri. Então, ali no sítio Baixa Dantas opera-se o milagre: já nos primeiros meses de contínuo e sistemático trabalho, a falta de alimentos cede lugar à bonança.

Uma comunidade de lavradores com tamanha autonomia e que financiava seu próprio sustento, desenvolvendo-se a olhos vistos numa área sabidamente carente de justiça social, obviamente, logo chama a atenção dos grandes proprietários de terras. Em contrapartida, para aqueles agricultores, o sucesso que estavam alcançando, imputavam à intervenção do Divino e à intermediação direta de Padre Cícero. Gera a grata sensação de que não estão mais sozinhos. Era uma época em que crescia a conscientização entre eles de terem sido largados à sorte por um Estado que só se importava com os grandes proprietários rurais.

Malgrado a cupidez dos latifundiários ao derredor, ali, no sítio Baixa Dantas, o projeto do beato sonhador vai aos pouco ganhando sustância. Por ocasião das primeiras colheitas, o clima é de regozijo. Os paióis estão cheios, a comida é farta e os membros da comunidade aprendem ofícios que ajudam no orçamento doméstico. Dentro desse espírito de vitória, de confraternização e alegria, beato José Lourenço institui a obrigação de se fazer, frequentemente, procissões a Juazeiro em agradecimento a Nossa Senhora das Dores.

Mas chega um momento em que os mesmos sucessos que os enchem de entusiasmo começam a incomodar os grandes proprietários daquela parte do Crato. Eles viam a desestabilização se instalar em suas terras com a diminuição da produção agrícola, resultante da ausência radical da mão de obra barata, pois todos os explorados da região acabavam buscando José Lourenço, aconselhados por Padre Cícero.

Uma trama então é urdida e levada às esferas judiciais. A ordem para a desocupação do terreno viera sem prévio aviso. Seria a primeira grande desilusão dos seguidores de José Lourenço e um breve vislumbre do que lhes reservava o futuro. Cordatamente, aceitam sair do Baixa Dantas, porém abandonar aquelas terras que haviam tornado tão produtivas, eles o fazem com o mais absoluto pesar. Sabiam que longe dali ninguém se colocaria por eles. Haviam sofrido demais nas estradas sob a tutela de maus governantes, o medo do futuro os oprime. Se o desânimo tomava conta de todos, uma pessoa naquele grupo não perdia as esperanças, beato José Lourenço. Contam que no dia em que se afastavam da propriedade, ele olha para trás e recita um arremedo de exortação que é amenizada por palavras esperançosas pela certeza que tinha do socorro que lhes daria o Padre de Juazeiro. Com as mãos para o Céu, ajoelha-se e exclama, dirigindo-se aos proprietários do Crato:

– Ó Crato! O que será de teus pobres, ó poderosos do Crato?!

E, vendo ao seu redor aquela triste gente, outra vez desconsolada, outra vez com suas enxadas às costas, vai direto aos seus corações:

– Esperança, minha gente... Nossa fé, meus filhos, tem que ser inabalável. Devemos esperar primeiro em Deus, segundo, em nosso padrinho, o senhor Padre Cícero... De minha parte, eu pressinto que Deus, em sua santa e gentil compaixão, mais o senhor Padre Cícero não deixarão que nenhum de nós perambule ou padeça fome pelas estradas do Cariri!

E estava certo. Ao saber do êxodo a que o proprietário do Baixa Dantas estava submetendo os trabalhadores de José Lourenço, Padre Cícero oferece seu socorro da forma mais efetiva. Cede-lhes sua fazenda situada na localidade do Caldeirão da Santa Cruz do Deserto, também no município do Crato.

Desse modo, na fazenda Caldeirão, o projeto pioneiro do beato sonhador renasce com muito mais abrangência. Era o ano de 1926. Naquela propriedade, a comunidade chegaria a beneficiar centenas de sertanejos, e é neste ponto de sua caminhada que os agricultores-penitentes começam a chamar para si não só a atenção dos proprietários das cercanias, como também das autoridades seculares e eclesiásticas do Ceará.

PROCISSÕES EM JUAZEIRO

Desde a fundação da comunidade até sua extinção em 1937, nas manhãs de setembro, por ocasião das festas da padroeira, a presença dos agricultores-penitentes em animadas procissões emocionava juazeirenses e visitantes. Chamava atenção, principalmente, a figura compenetrada do beato penitente que envergava uma vestimenta ocre, de tecido rústico e caminhava à frente de seus seguidores. Chegavam à matriz e se perfilavam na esplanada com seus rosários, bentinhos, escapulários e estandartes ao ombro, e jamais aquelas terras ver-se-iam mais românticas, místicas e espiritualizadas quanto naquelas manhãs de setembro. Chegara a escrever um entusiasmado estudioso da época ao voltar para sua cidade, depois de uma breve passagem pelo Vale do Cariri:

> *"Juazeiro do Padre Cícero é um lugar encantado. Remete-nos às Terras Santas, no período da Idade Média, quando Cavaleiros buscavam o Oriente atrás das veredas por onde caminhou Jesus Cristo. A mística cristã na figura dos vários beatos transforma-se na mais refinada poesia. Cânticos e orações ecoam dia e noite como formas concretas levadas pelo vento. (...) Há o sagrado, porém muito sofrimento é visto arrastando-se pelas ruas de Juazeiro."*

Depois que se instalara no Caldeirão, José Lourenço vê sua comunidade crescer à proporção que mais e mais retirantes lhe são encaminhados por Padre Cícero. A residência do sacerdote enchia-se de miseráveis que as secas, as calamidades diversas e as perseguições de maldosos donos de latifúndios jogavam para as estradas. Porém, a prática no Caldeirão de um catolicismo popular, sincrético e, em certa altura, até ligado à divinização de animais, desperta o zelo já há muito inflamado da ala vigilante da Igreja do Ceará. Para as autoridades estaduais Caldeirão deveria ser extinta sem complacência. Tornara-se um exemplo negativo e perigoso demais no instante em que fugira da ação fiscalizadora estabelecida para os membros de toda a nação brasileira.

O final melancólico da comunidade – o massacre a que no futuro ela seria submetida – será um trauma a mais na alma dos cearenses e uma virtude a menos no caráter daqueles que deveriam zelar pela integridade e bem-estar de todos os seus cidadãos.

A LEI ÁUREA E O MILAGRE DA HÓSTIA

A notícia do milagre, mesmo sendo transmitida devagarzinho, bem compassadamente, na cadência morna dos falares dos cearenses rurais, foi chegando gradativamente às aldeias. Acontecera um ano após a promulgação da Lei Áurea. Para o camponês nordestino que era negro, que há bem pouco havia estado em grilhões, na penumbra das senzalas – mesmo estando agora no mato, com sua prole marginalizada e escondida em inacessíveis aldeias quilombolas –, para essa gente, poderia haver fato de natureza mais salvadora? Ali, agora, a massa pobre e desorientada, os alforriados e seus descendentes poderiam ser socorridos por duas instâncias superiores: uma, material, através de Padre Cícero e seus conselhos práticos; outra, espiritual, através dos Céus e de uma centúria de entidades benevolentes. Aí, dá-se a corrida para Juazeiro e muitas graças são alcançadas. Enquanto dezenas de romarias demandam as estradas do Cariri, um zeloso grupo no palácio de Dom Joaquim, em Fortaleza, prepara-se para sondar a natureza do milagre e escrutinar Padre Cícero.

CÍCERO ROMÃO BATISTA

Mesmo chegando ao fim o ano de 1889 e se iniciando 1890, o assunto em voga entre a população sertaneja ainda é a transubstanciação da hóstia. Padre Cícero e Maria de Araújo não param de ser reverenciados. Nas estradas, conversar sobre o milagre promove uma saudável aproximação e nunca houve tantos viajantes transitando entre cidades como naquelas últimas décadas do século dezenove.

Antes de assistirmos a uma animada conversa entre três estradeiros, o senhor Barjonas, um irrequieto caixeiro-viajante, o senhor Luís da Cruz e o velho Setentrião, voltemos ao instante primeiro, à gênese geradora das condições de poder do polêmico sacerdote cratense. Vejamos a entrada em cena de Padre Cícero e a aparição de Juazeiro, uma modesta localidade do Crato, que logo iria passar de simples povoado à categoria de vila e depois se transformaria em "uma Jerusalém muito linda", expressão essa cunhada por Grandinha, uma moradora da comunidade do Caldeirão, em conversa após a morte do sacerdote.

PADRE CÍCERO, QUEM FOI.

Quem era mesmo Padre Cícero? Quem era aquele sacerdote de batina surrada que caminhava pelas veredas em noites de lua cheia e que aprendera a lidar com os anseios dos desamparados, aquela gente esmorecida que tendo os sistemas injustos de um lado e as secas de outro se jogava pelas estradas, penando tristeza imensa? Quem fora aquele – um paladino de chapéu de palha e bordão –, a quem a história se curvaria e o povo se sentiria honrado em ser chamado de seu afilhado? Quem foi realmente aquele sacerdote, de um lado tão malquerido, de outro tão venerado e que os espoliados, os desenganados e esquecidos sentiam-se envaidecidos em chamá-lo de "meu Padrinho"?

Nasceu Cícero Romão Batista em 24 de março de 1844, na cidade do Crato, comarca pertencente ao Estado do Ceará. Por ter vindo de família de católicos praticantes, seus valores essenciais baseavam-se no temor a Deus, no apreço à mensagem bíblica e na valorização dos costumes. Seu pai, Joaquim Romão Batista, era um pequeno negociante, estabelecido no centro comercial da cidade. Sua mãe, Joaquina Vicência Romão, dona Quinó, como carinhosamente a chamavam, era uma extremada devota de Nossa Senhora das Dores. Mais tarde, o filho disseminaria essa devoção por todo o Nordeste, tornando-a o principal motivo das romarias a Juazeiro.

Reprodução

Joaquim Romão Batista *Joaquina Vicência Romão (D. Quinó)*

Sempre estimulado pelos pais e seguido de perto pela mãe, mulher amorosa e compassiva, e depois por seu padrinho de crisma, o coronel Antônio Luís Alves Pequeno, começa Cícero a escalar o ensino básico aos seis anos de idade com o professor Rufino de Alcântara Montezuma. Assim, vai assimilando os rudimentos da alfabetização em meio a um clima de muito aconchego, à vista de uma mãe sempre presente e amorosa. A consciência da necessidade do aprendizado e do valor do conhecimento era-lhe diariamente incutida. Ter acesso à educação naquela altura do século dezenove era privilégio de poucos, algo extraordinário; poucas famílias levavam os filhos até o final de um curso superior.

O SEMINARISTA

Um dia os pais de Cícero percebendo nele indícios de uma vocação sacerdotal genuína, resolvem levá-lo ao então vigário do Crato, Padre Manoel Joaquim Aires do Nascimento. Esse encontro fora essencial para o pequeno estudante. Padre Manoel, que era antes de tudo um zeloso propagador do ideário católico-romano, sempre dedicado a buscar novas vocações sacerdotais, esclarecera-lhe, na ocasião, sobre o valor sacramental do sacerdócio. A missão apostolar era grandiosa, havia-lhe dito enquanto passeavam através das ameias de sua igreja. Encorajara o pequeno estudante a seguir o caminho missioneiro, estrada gloriosa, porém cheia de sacrifícios, dissera-lhe Padre Manoel, ao contar histórias da vida edificante dos santos. Na ocasião, chegara a presenteá-lo com publicações religiosas, entre elas a biografia de São Francisco de Sales, que iria se tornar seu livro de cabeceira.

Aos dezessete anos de idade, Cícero vai estudar no colégio do Padre Inácio de Souza Rolim, em Cajazeiras, na Paraíba. No futuro, iria se referir a esse período como uma etapa privilegiada de sua vida. Padre Rolim para ele representava amor ao estudo, abnegação, fidelidade. Citava-o, referendando-o com muito respeito, sempre que se encontrava em palestra com seus alunos no Colégio Padre Ibiapina onde, após a ordenação, passara a lecionar Latim.

Depois dos estudos básicos, Cícero viaja com a ajuda do coronel Antônio Luiz Alves Pequeno, que era amigo da família e seu padrinho de crisma, para a Capital do Estado. Lá, ingressa no Seminário Episcopal do Ceará, entidade criada em 1864, que, mais tarde, chamar-se-ia Seminário Arquidiocesano de Fortaleza. Nessa instituição fundada por lazaristas e continuada por jesuítas – conhecida como Seminário da Prainha – Cícero se adapta de maneira harmônica ao espírito estudantil que permeia o ambiente. A divisão estrutural desse educandário, que obedecia à sequência do desenvolvimento disciplinar do aluno e se dividia em Seminário Menor e Maior, é percorrida por Cícero com sofreguidão e interesse. Depois de terminar o Seminário Menor, que equivaleria nestas épocas modernas ao ensino médio, galga ele, numa sucessão natural, o patamar superior, o Seminário Maior. Será nesse estágio que Cícero iniciará seus estudos de Oratória e tomará contato com obras de autores humanistas, essencialmente os escolásticos, e onde sua predileção por Agostinho, Aquino e São João da Cruz o fará trocar o pavilhão de recreios pelo salão de leituras. No Seminário Menor, ele já havia se destacado no estudo dos idiomas Grego e Francês, porém seria o Latim que escolheria para lecionar no futuro.

Fachada lateral do Seminário da Prainha - Fortaleza/CE.
(Foto: Marlene Noronha).

Fortalecido, então, pelo valoroso ensino lazarista e firmemente convicto de sua vocação religiosa, numa clara manhã de primavera, exatamente em 30 de novembro de 1870, o presbítero Cícero Romão Batista recebe as ordens sacerdotais sob os olhares entusiastas de dezenas de seminaristas.

Contam que naquela manhã o Sol inundava de luz as praias de Fortaleza. O fortum da maresia dos verdes mares que quebravam nas proximidades do Seminário levava ao jovem cratense mensagem de amor, de esperança e certeza de grandes conquistas. Naquele dia, dezoito formandos, dentre eles o filho de Dona Quinó – em rigoroso cerimonial, cujo rito continuava o mesmo da tradição bizantina –, prestaram votos na igreja matriz da capital cearense.

Ordenado padre secular, Cícero volta ao Cariri e é convidado a lecionar Latim no egrégio Colégio Padre Ibiapina. Depois, no ano de 1872, torna-se vigário de uma freguesia modesta no Tabuleiro Grande, jurisdição do Crato, que mais tarde receberia seu nome: Juazeiro do Padre Cícero. Fora lá que presenciara sua igreja se tornar receptáculo do fenômeno acontecido à beata Maria de Araújo, e veria, então, seu nome extrapolar os limites do Cariri.

PADRE CÍCERO VAI A ROMA

Quando na quaresma de 1889 acontece o milagre, a transubstanciação da hóstia, a notícia ganha as estradas do Ceará. Vai de boca em boca, de aldeia em aldeia, levada nas vozes de competentes conversadores. Depois de ter passado por Crato, Várzea Alegre e de ter atravessado as cidades serranas de Palmácia, Baturité, Redenção, Pacatuba e Maranguape, chega, enfim, à Capital do Estado.

Nem bem os sertanejos correm atrás de outros prodígios, imediatamente o clero cearense leva o caso a Roma. As prelazias de todo o Estado estão de olhos voltados para o Cariri. Aqueles que se sentam à mesa junto a seu bispo falam de embustes, de tramas interesseiras; há conchavos, sussurros. Comissões são enviadas a Juazeiro. A paróquia de Nossa Senhora das Dores é submetida a uma demorada investigação, ocasião na qual Maria de Araújo é cruelmente desacreditada. Tanto conspiram no âmbito do bispado do Ceará que depois de algumas correspondências entre o Brasil e o Vaticano, o Santo Ofício, sob o pontificado do Papa Leão XIII, intima Padre Cícero para se justificar perante o sinédrio escarlate.

AO INVÉS DA CONDENAÇÃO, UM PRESENTE

Padre Cícero vai a Roma. Leva a mágoa de ter sido tachado de embusteiro, porém, mesmo assim, ele viaja em paz, sabendo do apoio incondicional de milhares de nordestinos. A certeza de que sua integridade moral logo seria restabelecida o fizera atravessar o oceano inteiramente seguro de si, robustecido por uma confiança fundamentada em suas convicções pessoais. Nas várias sessões a que comparecera no Tribunal do Santo Ofício saíra-se bem. Enfim, é recebido e ouvido com o máximo de boa vontade. Sua simplicidade chamava atenção, além de ser um religioso de vasta cultura, conhecedor das sutilezas do Direito Canônico e de ter a compreensão dos problemas sociais pouco debatidos na época.

Encontro de Padre Cícero com o Papa Leão XIII, do acervo do Memorial de Padre Cícero – Juazeiro do Norte/CE.
(Foto: Marlene Noronha).

Comentou-se que os representantes da Igreja no Ceará haviam tecido uma trama bem urdida para a viagem de Padre Cícero, já que o tinham como conivente no que chamavam de "embuste" da hóstia transubstanciada. Porém, a despeito de um processo de antemão cuidadosamente construído, que apontava para um resultado condenatório, as autoridades romanas acharam por bem considerá-lo inocente. Sua Santidade o Papa Leão XIII chega até a presenteá-lo com uma vestimenta clerical bordada em ouro e prata, em um gesto de respeito, dando mostras de consideração e humildade admiráveis.

Meses depois, já inocentado, um transatlântico o traz de volta ao Brasil. Sua ida a Roma, sua absolvição, algumas outras concessões, nada disso adiantou, já que o Bispo Dom Joaquim não quis dar seu aceite e nem ao menos considerou a concessão relevante.

Ainda que destituído das ordens sacerdotais, Padre Cícero não deixa o Cariri nem larga à sorte seus peregrinos. Abre definitivamente sua casa aos andarilhos, aos desenganados e esmorecidos. Aos que buscam trabalho, envia-os a José Lourenço. Juazeiro vai aos pouco se tornando para os espoliados uma nova terra de promissão, uma utopia do tipo espiritualizada e em um lugar improvável, nos baixios mais ressequidos dentre os mais pobres do sul cearense. Uma Meca milagrosa então ali se instala com romeiros, beatos, vendedores de objetos votivos, mendigos e puxadores de ladainhas, todos desaguados na praça da igreja de Nossa Senhora das Dores.

É o tempo em que beatos portando cilícios e vestidos com suas alvas feitas de tecidos rústicos – costuradas com esmero – procuram formar seu redil, instalando-se nos aclives da colina do Horto. De repente, eis que surgem – são erigidos mesmos da noite para o dia – imensos barracões de ex-votos. A encantada Juazeiro do Padre Cícero, a antes tão recatada Tabuleiro Grande, despertara atordoada de seu sono letárgico e começara a se levantar sob um Sol tipicamente caririense e eternamente no zênite.

A trilha sonora agora ouvida pelas estradas do Cariri tem sons de benditos, rabecas de cegos e toadas de cantadores. As procissões que vão chegando a Juazeiro, às vezes descendo a colina, às vezes descendo do Crato, através de Missão Velha, de Barbalha e de Caririaçu, esparramam-se na frente da igreja matriz. É tempo de uma nova poética, da prática de um catolicismo popular e rural, tempo de uma nova ordem de beatos criadores de confrarias. Surgem os *Penitentes*, os *Ave de Jesus*, a *Ordem dos Caridosos*, todos encarregados da regência de um cântico novo que começa a se levantar no alto sertão cearense. Pelas ruas de Juazeiro, coros compostos por devotas apaixonadas reverberam dia e noite em mil benditos numa beleza mística sem precedentes:

> *"Os anjos cantam no Céu e no mar cantam sereias.*
> *Os anjos cantam no Céu e no mar cantam sereias.*
> *Valei-me meu padrinho 'Ciço' e a Mãe de Deus das Candeias."*[3]

A partir desta data, março de 1889, e desse primeiro milagre, todos os olhares se voltariam em direção ao Vale do Cariri. O foco de atenção dos cearenses, e com o passar dos anos dos nordestinos em geral, seria dali por diante o alto sertão flamejante e o polêmico sacerdote cratense.

---

3 Versos de Domínio Popular.

A notícia do primeiro milagre viajara pelas estradas do interior cearense e por onde passava incendiava a imaginação popular. O assunto era introduzido nas conversas dos caminhantes de um modo recorrente, às vezes, até encetado com o único objetivo de enganar a canseira. Não fora a primeira grande alegria a atingir milhares de sertanejos que até então iam e vinham em migrações desordenadas, purgando miséria imensa? Não fora algo extraordinário para aqueles invisíveis cujas vidas se arrastavam à margem da sociedade, em um mundo injusto, insensível e hostil? A notícia da existência de Padre Cícero e das benesses espirituais que caíam sobre Juazeiro gerava reflexões. Em suma, o evento extraordinário acontecido à beata Maria de Araújo fora o início da grande paixão que tocaria o coração de milhares de nordestinos.

A BOA NOVA NA BOCA DOS VIAJANTES

Durante meses, o milagre de Juazeiro fora exaustivamente lembrado. Pelas estradas, diálogos interessantes se desenvolviam unindo caixeiros-viajantes, aventureiros e peregrinos. Até forasteiros menos amistosos, homens que viviam da pistolagem e dos regimes marginais a serviço de coronéis, imediatamente depois de serem envolvidos pela magia da esperançosa notícia, apaziguavam-se irmanados. A notícia do milagre viera se somar a outra grande alegria acontecida no ano anterior, em 1888: a promulgação da Lei Áurea. Agora, naqueles caminhos, rotas de trânsfugas, de caixeiros-viajantes, de ex-escravos e de flagelados, o acontecimento que envolvera Padre Cícero e Maria de Araújo tornara-se assunto obrigatório e exercia forte poder de aproximação sobre todos. Era tão prazeroso falar sobre as maravilhas que aconteciam em Juazeiro quanto fora no ano anterior falar sobre a Lei que livrara o negro da escravidão no Brasil. O milagre da hóstia se inseriu de forma definitiva no imaginário popular e os viajantes se irmanavam quando conversavam sobre o impressionante fenômeno.

Foi o caso dos três viajantes que iremos, a seguir, conhecer. A exemplo do que se passava em outros trechos daquelas estradas, este diálogo dá-se entre Quixadá e Quixeramobim, cidades que estavam sendo devastadas pela seca que se intensificara depois da festa de São José. Mesmo sendo março um mês esperançoso, pois era dedicado ao glorioso santo da proteção dos operários, aquele trimestre de inverno titubeante havia transcorrido sem nenhuma perspectiva de chuva. O ano era 1890 e tornar-se-ia famoso como o ano da "seca do noventinha". Seria com esse diminutivo carinhoso e ironicamente benevolente que o flagelo de 1890 iria se acomodar na História.

TRÊS EXÍMIOS CONVERSADORES

O sol aproxima-se da linha do meio-dia. É quando os viajantes Luís da Cruz, Zé Setentrião e Barjonas Moreira Regina puxam conversa com o intuito de amenizar a canseira. Conforme veremos, a oratória do trio tipifica o cearense rural, que mesmo ainda amargando atrasados regimes tribais e vivendo dentro da solidão dos grandes espaços vazios, havia rompido a bolha de um universo restritamente monossilábico e onomatopaico. Muito nos enganaríamos se fôssemos levados a pensar que suas observações se baseavam somente em crendices ou concepções muito rasas. Luís da Cruz, o velho Setentrião e Barjonas Moreira Regina são experientes destrinchadores de fatos e profundos analisadores de almas. Ouvindo esses três viajantes, testemunharemos muito do caráter dos sertanejos que viviam na época do primeiro milagre e que seriam também responsáveis pela grandeza histórica desse período ao lado de Padre Cícero.

Inicialmente, a conversa se estabelece entre Luís da Cruz e Barjonas Regina. Este, o senhor Barjonas, é homem de cerca de sessenta anos de idade, um experiente caixeiro-viajante. O outro, o senhor Luís da Cruz, chegando à casa dos quarenta, um trabalhador arribado. Se a vida tivesse lhes proporcionado o aprendizado da leitura, a Bíblia, com certeza, seria seu livro de cabeceira. Mas como nem seus nomes sabiam escrever, todo o cabedal de conhecimentos que possuíam baseava-se nas experiências que a vida lhes proporcionara e na tradição oral passada de pai para filho[4].

Depois de um "Louvado Seja Nosso *Sinhô* Jesus Cristo" respondido com um "Para Sempre Seja Louvado tão bom e glorioso *Sinhô*", puxa assunto o homem que chegava e se emparelhava festeiro.

– Boa tarde, meu viajante!...

– Boa tarde, meu bom *sinhô*!... Se achegue.

– Oh sol quente, não é mesmo, meu viajante!?... Avemaria. Estou mesmo me achegando ao seu lado para palestrar um pouco e quebrar a lerdice destas estradas sem eiras; solidão é coisa medonha!...

– O *sinhô* tem razão... Diz-que conversar é muito bom. Faz o mundo se movimentar mais ligeiro.

– Mais ligeiro e muito mais alegre, como uma avó que eu tive costumava dizer. Eu penso que o cristão, seu menino, que

4 Os personagens deste livro, refletidos em seus versos e diálogos, são praticantes de uma linguagem sertaneja, subdialetal, característica do Nordeste brasileiro e mais especificamente do interior cearense. Para o bem da clareza e para que ao leitor não haja necessidade de um glossário, o autor opta por transcrever tanto os diálogos quanto os versos, salvo uma ou outra palavra, na forma culta, mas conservando seus maneirismos.

domina *a arte do bom conversar,* nasce com um dom especial na garganta, a arte de espantar a tristeza...

Como era prática por aqueles dias, depois dos cumprimentos, o assunto obrigatório era o milagre acontecido na paróquia de Juazeiro. O mais velho imediatamente o aborda:

– E a história da hóstia, hein, meu viajante? O senhor soube? Avemaria, não é de se abismar? Não parece coisa dos tempos de Jesus Cristo?... Quando eu soube, avemaria, bolei a noite inteira na rede.

A título de resposta, o mais novo tira imediatamente o chapéu. Faz com ele vênias acentuadas em direção ao arco do firmamento e diz, imprimindo feição de recitativo: "desde esse dia, reverencio a Deus tirando a Ele a todo o momento o chapéu." Cobre a cabeça outra vez com o surrado casquete de couro enquanto o outro volta a insistir no assunto:

– Pois é... Avemaria. A história da hóstia impressiona mesmo. Eu quero é ver que herege nessa hora não se curva aos poderes de Nosso Senhor Jesus Cristo... Mas, o senhor, meu viajante... Pelo decorativo que o senhor recitou com certeza é católico e desde muito tempo...

– Sim... Sou católico desde longe, e se o *sinhô* me permite brincar, desde o tempo em que os homens viviam em grandes manadas na terra e numa eterna *pirigrinação* pelo mundo.

Arriscara descontrair. Queria agradar. A intuição lhe dizia que aquele velho de fala maneira poderia ser homem de grandes conhecimentos e ele tinha sede por aprender. Pensa em segurá-lo ao seu lado, e nada melhor que especular de quais "buracos de mundo" provinha.

– Mas e o *sinhô*? E essas maletas nas costas? O *sinhô* vem de longe?

– Acabei de sair do Quixadá, meu viajante. Mas, oh terra quente! Quixadá converteu-se nos últimos dias em uma verdadeira fornalha de brasa... Mas sou filho natural da cidade de Pacatuba, lugar muito bonito, ali já nas proximidades de Fortaleza. Sou mais um andarilho sem recursos, caminhando pelo mundo, obedecendo aos ditames sagrados de Deus...

A facilidade com as palavras, o jeito de pronunciá-las, tudo levava a crer que aquele velho estradeiro era gente "de bom cabedal", pessoa de "bom tirocínio". Alegrou-se o mais novo. Convencendo-se de que se tratava de sertanejo de antecedentes honrados, com ciências que brotavam fáceis, fruto de um raciocínio ligeiro, tornou-se ainda mais amistoso. Aproveitaria para puxar casos de sua predileção, isto é, fatos e pessoas que fossem procedentes da Bíblia. Para começar mandava o bom-tom que se apresentasse com mais efusão:

– De Pacatuba?... É mesmo?... Eu, meu pacatubense, sou de Morada Nova... Meu nome é Luís da Cruz, um seu criado, e vá desculpando minha falta de jeito, pois sou um homem muito simples, inteiramente sem instrução e agreste..., mas, o *sinhô*, se mal lhe pergunte, qual sua graça?

– Barjonas Moreira Regina, seu Luís... Mas o povo de Pacatuba me chama somente de Barjonas, nome que sempre achei muito bonito, pois segundo mamãe, vem de um discípulo do tempo de Jesus Cristo... Mas, respondendo por inteiro à pergunta de seu Luís... sou filho natural de Pacatuba, e essas duas maletas que carrego nas costas são coisas de minha função de trabalho. Exerço o dificultoso ofício de caixeiro-viajante.

– Caixeiro-viajante?...Ah, então o *sinhô* é muito experiente! Está indo pra longe, *seu* Barjonas?

– Longe, não sei. Quem sabe é Deus, Nosso *Sinhô* Jesus Cristo. Mas vou seguindo sem planos, rompendo pelo mundo. Minha ideia é retornar somente quando ficarem vazias estas duas maletas que levo. Quando meu estoque se esgotar, então eu volto. Avemaria, morro de saudade de minha rede...

– Louvado Deus, nada melhor do que uma boa rede no armador esperando. Mas então, o *sinhô* é um corre-mundos? Diz o povo que caixeiros-viajantes são pessoas de grandes ensinamentos.

– Sim, avemaria... Aprendi foi muito. Desde menino vivo percorrendo estradas... Mas como eu ia dizendo, *seu* Luís, esse milagre acontecido em Juazeiro veio provar que Deus é poderoso e os mistérios do Alto são muitos... Mas deixe eu insistir: e seu Luís? Seu Luís é católico mesmo, digo, daqueles das práticas diárias?

– Sim, *seu* Barjonas. Católico desde o tempo dos mais antigos. E se mais uma vez o *sinhô* me permite brincar... Sou católico desde o tempo em que o mundo estava começando a ser mundo e só existia escuridão e uma cambada de gente sem crença vivendo no oco das pedras.

Ri, baixa os olhos e põe a mão na boca como fazem pessoas encabuladas. Não era dono de grandes tiradas, mas se esforçava por imprimir menos sisudez às questões. O senhor Barjonas, por seu turno, bem mais concentrado, vendo que seu parceiro demonstrava apreço à "arte do bom conversar", tenta não se desviar do assunto.

– Perguntei se é católico porque do jeito que estamos indo, *seu* Luis, daqui a alguns anos vai ter mais hereges do que católicos na Terra... Por exemplo: *seu* Luís já ouviu falar de uma lei chamada de Lei Protestante? Diz que essa Lei, *seu* Luís, está chegando com tudo ao nosso velho Ceará de guerra! Diz que sai por aí quebrando oratórios, imagens de santos e até os crucifixos de Nosso *Sinhô* Jesus Cristo, avemaria! *Seu* Luís já ouviu falar nisso?...

– Ouvi por longe... Mas como o mundo enlouqueceu foi muito nos últimos anos, deve ser verdade mesmo. Deus me livre! Às vezes me pergunto: será que Deus não dá é risada dessas loucuras do povo?

– Risadas, seu Luís?... Risadas?... Deus deve ficar é nervoso!

Neste trecho, o senhor Barjonas olha para o alto. Naquele dia, o Céu apresentava uma superfície de cores quentes, meio aço, meio cinza-brilhante como se estivesse prestes a lançar labaredas sobre toda a superfície do Globo. Mas, ironicamente, aquele Céu era extraordinariamente bonito. Nos anos de seca, naqueles sertões, o Céu unia-se ao Sol para juntos desencadearem toda a sorte de intempéries. Era como se quisessem testar a fé e o amor incondicionais a um Deus que parecia nem se importar com o sofrimento e as demandas dos homens na terra. Barjonas olha o Céu grandioso e cheio de mistérios e o Sol impressionante que potencializa o que existe de mais indômito na alma dos cearenses e fala. Seu respeito pela natureza é imenso.

– Acima de nosso chapéu há um mistério sem fim, *seu* Luís da Cruz. Costumo dizer que no extremo daquele azul, acima das nuvens de Cristo, há um sigilo total... Certo mesmo só a existência de Deus.

Luís da Cruz faz silêncio. Não atropela o parceiro. Dá espaço para que Barjonas use a seu bel-prazer o tempo que lhe é destinado. O assunto é grandioso demais para que interrompa. Muni-se do seguinte propósito: ao invés de replicar, honrará com sua melhor atenção. Por seu lado, encantado pelo estímulo e pela amigável aceitação que vê nos olhos de Luís da Cruz, Barjonas continua:

– Gosto muito de falar da existência de Deus... O primeiro sinal da existência de Deus, *seu* Luís da Cruz, é a grandeza desse nosso firmamento bonito. Dali, Deus impulsiona a Grande Roda que faz esposo querer sua esposa, pais amarem seus filhos, pau-d'arco se encher de *fulô*... Mamãe costuma dizer que o único objetivo da vida é sempre lutar por mais vida. Portanto, desde o começo do mundo, a Roda que nunca para é de inteira responsabilidade de Deus.

Fala como um daqueles sábios andarilhos que, vez ou outra, são encontrados cruzando os sertões cearenses. Fala de coisas distantes, metafísicas que sua linguagem pouco consegue abarcar, porém, logo volta ao chão, às coisas do dia a dia, às agruras de nosso viver mais premente.

– É... A presença de Deus é constante, e no momento em que se olha para esse Céu do Cariri, avemaria... Mas, hein, *seu* Luís... agora mudando para o assunto de ricos e pobres... Sabe o que diz mamãe?... Ela cita o que disse Jesus quando perambulou pelo mundo: *"É mais fácil um camelo passar pelo fundo de uma agulha do que um rico entrar no reino de Deus."*

O senhor Luís da Cruz volta-se para o homem mais velho. Olha-o com agrado. Acostumara-se a valorizar a cultura dos povos que eram alistados na Bíblia, e o malabarismo linguístico de seu novo parceiro, aquele jogo constante com as palavras, fazia com que o admirasse na proporção em que os grandes assuntos fluíam. Tinha consciência, no entanto, que ele próprio, apesar de menos experiente e mais novo, era dono também de certo virtuosismo na arte do bom conversar. Volta ao diálogo. Seu papel era cavar as questões. Provocar argumentos. O desenvolvimento das idéias cabia ao homem que se emparelhara festeiro.

– Mas, no entender do *sinhô*, por que é tão importante assim essa passagem que o *sinhô* citou, da agulha e do camelo, *seu* Barjonas?...

– Porque pende para nós pobres, *seu* Luís, inteiramente ignorados pela classe dos governantes... Segundo mamãe, a predileção de Deus desde o começo do mundo foi pelos pequenos da Terra. E eu penso assim igualzinho a mamãe, *seu* Luís, talvez para não enlouquecer, para achar razão pra lutar... Porque o que se vê é que aqui nesta terra ressequida, neste nosso torrão empedernido, neste nosso Ceará carbonizado, o pobre vale muito pouco nesses tempos de carestia.

O silêncio do agreste e o clarão de um sol desmesuradamente brilhante condiziam com a grandeza do que enunciara Barjonas... "Mas o *sinhô*, que é mais velho, não concorda que a culpa é da ganância dos ricos?"... Perguntara Luís da Cruz, cavando provável resposta igualmente interessante.

– Ganância?... Concordo, *seu* Luís... Avemaria. A ganância dos proprietários acaba mesmo com todas as alegrias do mundo... Por falar nisso, sabe o que dizia São Salomão sobre ganância, *seu* Luís, ele que foi um dos santos mais experientes da terra? "*Ao mercador cobiçoso, a medida de seu querer nunca enche.*"

Riem. Um terceiro viajante vai se encostando, aliás, o senhor Barjonas já havia percebido que o homem os observava de esguelha. Prestava especial atenção na conversa. Está acompanhado de uma jovem senhora que carrega uma criança de colo. Mostraria ser também um grandiloquente conversador. Voz nasalada, discurso jeitoso, já chega invadindo sem pejo ou cerimônia o diálogo da dupla de estradeiros:

– Louvado Seja Nosso *Sinhô* Jesus Cristo, meus *pirigrinos*... Muito boa tarde!... Ouvi o debate dos *sinhores* e percebi que são católicos e de muito bom sentimento... Mas meus *pirigrinos* sabiam que a Bíblia diz que somos o rebanho do Pai Eterno?...

Curioso, Luís da Cruz o olha. Vê que ronda ali pela casa dos setenta anos. Recebe-o, mas não se furta de indagar:

– Louvado seja... Mas o *sinhô* é quem, meu avô, com todo respeito que é devido ao *sinhô*?... Respeito que estendo à sua acompanhante também?

– Sou Zezé Setentrião, meu *pirigrino*, conhecido como Setentrião de Baturité, um seu criado. Esta é minha filha e em seus braços, minha neta, uma inocente que a mãe vem teimando em apelidar de Grandinha.

Sem dar tempo a réplica, continua:

– Eu mais essas duas cristãos, seu menino, estamos indo para Juazeiro do Padre Ciço... Sou paneleiro, faço algumas besteiras de barro para vender pelo mundo... Sou mais um cearense desiludido, porém sem medo de arriscar. Vou vender em Juazeiro minhas panelinhas, fazer alguns santos de barro, pois também sou santeiro, rezar e conhecer meu Padrinho... Eu, seu menino, sou mais um daqueles serranos desiludidos, perdido no mundo das ilusões, fugindo dos aperreios da vida e do jugo de ricos e governantes...

Barjonas tornara-se admirador e propagador entusiasta do milagre da hóstia, de Maria de Araújo e do vigário de Juazeiro. Com a chegada dos novos ouvintes começa a monopolizar a conversa. O que deveria ser um debate entre todos, tornar-se-ia unilateral, de face única; mas não em detrimento da beleza, da riqueza e da harmonia perfeitas. Isso é visível, pois o deleite toma conta daqueles quatro andarilhos. Por ser competente na arte "do bom conversar", deixam-no livre para escolher e conduzir os assuntos. Sua liderança e a facilidade em tornar grandiosos os pequenos fatos da vida fazem da caminhada uma jornada feliz.

– É, *seu* Setentrião, olhando melhor, *seu* Setentrião tem razão... A pobreza é a grande desilusão do cearense e o mundo está sob o comando de ricos e endinheirados. Mas, viu *seu* Setentrião... Sobre o assunto de Maria de Araújo que eu estava falando aqui para *seu* Luís... Diz que o povo de Fortaleza não acredita e acha é graça. O caso da hóstia, eles chamam de ilusão sem sentido. Promovem anarquia quando falam dos merecimentos de Padre Cícero... *Seu* Setentrião conhece Fortaleza?...

Diz que não e afirma: "Lá, a falta de fé é muito grande e a devassidão manda em tudo". Ao que Barjonas assente e dá vazão a mais uma enxurrada de argumentos:

– É mesmo. Manda em tudo e são muito anarquistas. Diz que todo o dia, o povo se reúne na Praça do Ferreira para achar graça das coisas de Juazeiro e do fato acontecido na hóstia... Maria de Araújo para eles é só ilusão... O *sinhô, seu* Setentrião, que é mais velho e tem muito mais experiência que nós... o que *seu* Setentrião acha das loucuras dos fortalezenses?...

Barjonas faz perguntas, mas tais perguntas são tão somente elementos embelezadores de uma retórica capciosa; são unicamente floreios, falares bonitos.

– Em minha franca opinião... Mas, avemaria, se não concordar, pode me interromper, *seu* Setentrião, e o *sinhô* também, seu Luís da Cruz, a *sinhora* também, *dona* menina... Mas, em minha fraca opinião, as pessoas de Fortaleza acham graça porque perderam as crenças em Deus e se fiam nas ciências que nascem sem a observação da Igreja. Mas sabe o que diz mamãe sobre as ciências do homem?... Ela diz: "Como podemos saber o que se passa depois das nuvens sagradas que é território de Deus só com essas sabedoriazinhas da Terra"?

Aguça mais ainda a curiosidade dos companheiros quando traz para o debate a didática de um exemplo incomum: as pedras de corisco, fenômeno incompreensível para a maioria dos sertanejos.

– A ciência dos homens sem Deus não é nada, *seu* Setentrião, *seu* Luís e *dona* menina... Para citar um exemplo, vejamos pedra de corisco... Até hoje ninguém sabe direito o que é. E digo mais... Qual foi a ciência que já desvendou pedra de corisco?... Apesar dos maiores estudos ninguém sabe o que é, nem de onde vem, nem para onde vai... Pedra de corisco, avemaria, é um verdadeiro mistério. Isso é para citar só um exemplo. Desde a antiguidade, as ciências quando topam com os sigilos de Deus, esbarram...

Enseja reflexão. Tudo o que arrazoa é interessante, pois nasce de suas investigações de viagens. Respeitam o desenvolvimento e os contrapontos da fala do caixeiro-viajante por ter ele opiniões consistentes e também por serem eles próprios excelentes interlocutores.

– E Padre Cícero, *seu* Setentrião?... Avemaria. Ai do sertanejo sem Padre Cícero!... Ao povo que bate à sua porta pedindo felicidade ele ensina um *quefazer* útil a cada nova manhã. Diz que ensina tarefas simples, vendo se tira o povo da exploração dos ricaços.

De fato, seriam notórios os *conselhos práticos* do sacerdote, como fora o caso do uso que ele recomendara das sementes da carrapateira. Fora numa época de carestia e o querosene que era usado nas lamparinas das casas de Juazeiro alcançara preço indecente.

"Não fiquem mais tristes do que estão. Se não podemos comprar o querosene vamos às carrapateiras. Extraiamos o óleo das sementes das carrapateiras que nascem em abundância no meio do matagal! O povo do beato Zé Lourenço lhes ensinará como extrair o gás para suas lamparinas."[5]

Por ser um arguto observador, Barjonas fechará essa série de diálogos com uma crítica deveras bem informada. Mesmo olhando de dentro da própria miséria, ele consegue enxergar e ser claro em sua percepção referente àqueles dias onde o pobre era solapado no mais inalienável dos seus direitos:

---

5 *Trecho de um dos* **conselhos práticos** *de Padre Cícero. Colhido em Fortaleza em conversa familiar com* **Antonieta Gouveia Farias** *por ocasião da viagem de pesquisa feita por* **Gouveia de Hélias** *e* **Marlene Noronha** *a Fortaleza e Juazeiro do Norte.*

– Agora, *seu* Setentrião, pergunto a *seu* Setentrião, pois tenho certeza que *seu* Setentrião como o mais velho e o mais experiente de nós, irá me dar inteira ou razoável razão: nestes sertões..., viu, o senhor também, *seu* Luís da Cruz e *dona* menina também..., nestes sertões, antes de Padre Cícero, qual foi o rico ou governante..., repito, qual foi o rico ou o governante que algum dia mostrou interesse ou algum bem-querer por nós pobres?

Concordaram. Por muitas léguas ainda gozaram da grande experiência do efusivo pacatubense. Avistam a cidade de Quixeramobim, despedem-se e tomam diferentes destinos.

JUAZEIRO COMEÇA A CRESCER

Um ano após o primeiro milagre, a esplanada da igreja matriz, a frente da casa paroquial e a latada improvisada, que depois daria lugar ao barracão dos ex-votos, isto é, todo o centro religioso de Juazeiro apinha-se de nordestinos. Aquele que antes fora o modesto Tabuleiro Grande expandira-se e ganhara terreno. Suas casas haviam se multiplicado nos baixios do Socorro, nas laterais da matriz e agora subiam e se encrustavam nos cerros onde os olhos pouco conseguiam alcançar. Até os contrafortes maiores, na chegada do topo da colina do Horto, já ganharam dezenas de moradias.

Confrarias e peregrinos surgem, de repente, por estradas vicinais, imantados pela força que irradia do Padre de Juazeiro. Com o passar dos dias, pagadores de promessas, religiosos das "práticas diárias", apaixonados "andarilhos de Cristo", todos desfilam em procissões espontâneas pelas ruas da antiga Tabuleiro Grande. São liderados por uma casta de beatos, "os beatos maiores", homens vestidos com seus hábitos amarfanhados, de tecidos rústicos – as afamadas "*vestimentas sacrificosas*" – e todos caminham em busca dessa nova Jerusalém Sacrossanta.

Chegam à praça cantarolando benditos e, quando avistam os primeiros contornos da igreja de Nossa Senhora das Dores, avolumam suas canções. É fácil imaginarmos a beleza poética dessa mística cristã propagada por um coro de mil devotas – centenas de vozes apaixonadas – que reverberava pelas casas do povoado em noites de lua cheia.

"Oh que caminho tão 'longe' e cheio de tanto 'arrudeio'!

Oh que caminho tão 'longe' e cheio de tanto 'arrudeio'!

Valei-me meu padrinho 'Ciço' e a Mãe de Deus das Candeias."[6]

A partir do primeiro milagre, o nome de Padre Cícero começou a ganhar projeção e no início do século vinte já ultrapassava os limites do Ceará. As peregrinações a Juazeiro aumentavam na medida em que graças eram alcançadas. Também era o tempo das grandes arribações, tempo de maior mortandade devido à falta de chuvas e a consequente escassez de alimentos. Retirantes e peregrinos acabavam formando uma mesma corrente e partiam em direção àquelas terras que julgavam a messe bíblica perfeita. A fé igualava a todos. Fosse qual fosse a origem de suas dores, o destino era o mesmo. Havia sempre um caráter religioso permeando esses grupos, certo romantismo oriundo de um catolicismo rural europeu

6 *Versos de Domínio Popular.*

que dera à costa brasileira e se adequara à realidade de nossos sertões.

Nas peregrinações que atravessavam o Vale do Cariri era comum citarem à exaustão, como um mantra, Deus, alguns santos de sua predileção e, principalmente, evocarem Jesus, usando a enfática expressão "Nosso *Sinhô* Jesus Cristo". Era o inconsciente coletivo gemendo pelas estradas, clamando por sobrevivência, ao mesmo tempo em que buscava consolo em um mundo supranatural. Eram expulsos de suas casas por um infortúnio comum, cuja origem de natureza tangível poderia ser facilmente detectada: a pobreza excessiva, devido à ausência de chuvas e a inoperância das instituições governamentais voltadas aos grandes proprietários de terra.

Lamentavam os sertanejos:

"Olhem só nossa sorte!... Quem, senão Nossa Senhora das Dores, através de nosso Padrinho, o *sinhô* Padre Cícero, poderá levar aos Céus nossos pedidos e preces? Quem poderá velar por nós a não ser nosso Padrinho, o santo de Juazeiro?"

O certo é que purgavam dias extremamente ruins por aqueles anos tanto os cearenses do norte quanto os cearenses do sul; e as veredas do Cariri não paravam de receber peregrinos. Porém, de repente, relâmpagos de natureza medonha começam a riscar a seco o horizonte do norte, na altura da capital cearense. Era a guerra inevitável que logo estaria chegando ao Vale do Cariri. Os anos de 1912 a 1914 trariam ao povo de Padre Cícero doses excessivas de sofrimento.

A GUERRA CHEGA A JUAZEIRO

Estamos no nebuloso ano de 1913. Os olhos dos cearenses estão voltados para o Vale do Cariri e mais especificamente para Juazeiro e para a figura de Padre Cícero. A liderança do sacerdote está ultrapassando as restritas delimitações dos municípios do sul. Ao longo daqueles anos, ele conseguira agregar em torno de sua pessoa milhares de sertanejos. Os que o buscam, têm-no não somente como um pastor no sentido estrito da Bíblia, ou pontífice capaz de ligá-los aos Céus, mas como um provedor diligente nas horas de maior precisão. Por seu lado, aprendera o sacerdote a conhecer seus devotos, suas carências e desagrados. Conhecia as dores todas pelas quais passavam e se importava com eles. Ele chega a 1913 com milhares de seguidores ao seu redor. Ao entrar para a política, aliara-se a uma das oligarquias mais poderosas de todo o Estado, os Aciolis, notórios por sua resistência em abandonar o poder.

Entretanto, é com a gente simples do sertão do Cariri, que o apoia incondicionalmente e o segue sem restrição e o busca pelas estradas, que Padre Cícero fará sua aliança maior. São eles que o levantam para a notoriedade definitiva, onde as garras do esquecimento jamais o poderão alcançar. Mas, a quem mais buscariam se antes dele só podiam contar com a boa vontade dos Céus frente às injustiças dos homens e ao abandono total do Estado?

Agora, como figura política – homem público dos mais respeitados – encontra-se Padre Cícero sob o foco rarefeito de centenas de olhares perscrutadores. Por estar na rota de colisão do Coronel Franco Rabelo, então Governador do Ceará e o mais ferrenho opositor da oligarquia dos Aciolis, Padre Cícero e, consequentemente, os habitantes de Juazeiro irão atravessar dias infindáveis de sofrimento. Serão perseguidos e experimentarão a guerra e seus mais extremados horrores.

Juazeiro passara de povoado à categoria de vila, graças aos esforços continuados e influência de Padre Cícero, que lutava pelo progresso da região desde que assumira a pequena freguesia de Tabuleiro Grande, nos idos de 1872. Sua liderança, não só espiritual como temporal, sedimentara-se ao lidar com a massa carente de sertanejos.

"SOU FILHO DO CRATO, MAS JUAZEIRO É MEU FILHO"

Dadivoso foi 1911 para o Vale do Cariri e, principalmente, para os moradores de Juazeiro.

Nesse ano, Padre Cícero vê concretizado um desejo acalentado por muito tempo. Havia conseguido desligar Juazeiro do Crato, malgrado sentir um grande amor pela cidade onde nascera e na qual passara a época mais venturosa de sua existência. A máxima, "sou filho do Crato, mas Juazeiro é meu filho", uma de suas citações mais lembradas, reflete muito bem o dilema extraordinário que vivera naqueles dias de acirrada campanha.

O ano de 1911 é marcado, portanto, por grandes realizações. A emancipação é alcançada, não como consequência de um processo normal, porém, à custa de sofrimentos e debaixo de grandes pressões por parte de chefes políticos opositores.

Em razão da nova condição de Juazeiro, multiplicam-se, nesse ano de 1911, as tarefas do sacerdote que velava por seus moradores com olhos benevolentes. Para que a ordem fosse mantida, vê-se compelido a aceitar o cargo de Prefeito, obedecendo aos insistentes pedidos de seu amigo, o Comendador Antônio Pinto de Nogueira Acioli, à época, Governador do Estado. Nascia o Padre Cícero político. Era o começo de uma nova era, tanto para o sacerdote, quanto para o recém-criado município e, principalmente, para os juazeirenses que tendo Padre Cícero como timoneiro de seus destinos, pressentiam a arrancada da região para um progresso ainda mais consistente.

Juazeiro, em 1911, pouco lembrava aquele atrasado Tabuleiro Grande do passado. É ainda em 1911, no dia em que Padre Cícero toma posse como prefeito, que ele promove o "esdrúxulo conclave" de tradicionais chefes de municípios do Vale do Cariri. Nessa ocasião, os coronéis ali reunidos assinam o Pacto da Paz[7], onde selam um acordo histórico notório por seus nove itens polêmicos.

Representação do Pacto da Paz, do acervo do Memorial de Padre Cícero – Juazeiro do Norte/CE.
(Foto: Marlene Noronha).

7 **O Pacto da Paz** *(conhecido também como* **Pacto dos Coronéis***) concorreu para a união entre chefes de municípios do Vale do Cariri. Um dos principais objetivos era fortalecer o poder do PRC, partido encabeçado pelo clã aciolino, ameaçado pela oposição liderada por Franco Rabelo.*

ANO DE 1912 – INICIA-SE A ERA RABELISTA

Depois da acirrada campanha encabeçada por Marcos Franco Rabelo, os cearenses veem, enfim, encerrar-se o governo de Antonio Pinto de Nogueira Acioli, líder do Partido Republicano Conservador e amigo particular de Padre Cícero. O Ceará passa por um período de indefinições. Em 1912, o Coronel Marcos Franco Rabelo é nomeado interventor e em 14 de julho desse mesmo ano é legitimado no cargo de Governador do Estado. Terá como seu Vice, Padre Cícero Romão Batista. Era o início do período rabelista, cuja ordem política tinha a pretensão de afastar de vez o ideário da administração anterior e erradicar do Ceará a influência dos Aciolis que relutavam em abandonar o poder.

Mas, quem era, na verdade, esse Coronel? Como chegou Marcos Franco Rabelo ao posto máximo do Ceará e se tornou o mais ferrenho inimigo de Padre Cícero?

Nascido em Fortaleza, em 1861, Marcos Franco Rabelo era um coronel do exército, homem culto, cuja notoriedade conseguira alcançar principalmente por sua cruzada "anticicerista" no Vale do Cariri. A guerra encetada contra o líder juazeirense ocuparia quase todo o período de seu governo. Tudo começara quando no início de 1912, o Presidente da República, Marechal Hermes da Fonseca, dando continuidade à sua "política das salvações", nomeara-o como interventor no Ceará para quebrar a continuidade das oligarquias que durante anos governaram hegemonicamente aquele subdesenvolvido Estado nordestino. Meses depois, ao ver-se legitimado no cargo de Governador do Estado, encarregara-se não só de anular o poderio dos Aciolis, como também, ao se desgastar sua amizade com Padre Cícero, pressioná-lo com todas as armas que possuía. Padre Cícero é derrubado, então, do cargo de Vice-Governador do Ceará, como já havia sido afastado da prefeitura de Juazeiro. Do Palácio da Luz, Franco Rabelo começara a movimentar as peças de seu jogo político. Sabia bem que a aliança sustentada pelo sacerdote com a oligarquia aciolina poderia muito bem lançar por terra suas pretensões políticas mais promissoras.

ARMAM-SE OS MORADORES DE JUAZEIRO

O Ceará vai se desestabilizando mercê da política praticada pela administração empossada. Os erros do Coronel Franco Rabelo vão se avolumando razão de ter atraído a antipatia do povo. As dissensões aumentam quando do Vale do Cariri, Padre Cícero dirige-se a Marcos Franco Rabelo, em "carta reservada", aconselhando sua renúncia. Anos depois, o sacerdote comentaria que assim agira por ter percebido, pelos "precedentes de violência" da administração rabelista, a possibilidade de uma luta armada desnecessária e que só prejudicaria uma população já há muito esmorecida e sem norte.

A carta expedida por Padre Cícero a Marcos Franco Rabelo mostrando as razões pelas quais deveria renunciar era enfática, porém polida e extremamente sincera. Depois desse pedido, Juazeiro e seu sacerdote tornam-se o foco de maior interesse da política praticada na capital cearense. Medidas radicais, como a prisão de Padre Cícero e o envio de soldados para a região do Cariri, foram providenciadas, então, da Capital do Estado. A pugna maior, agora, seria do Governador do Ceará contra Padre Cícero, seu vice-governador afastado.

Não demora muito, soldados chegam ao Vale do Cariri. É nesse momento que o povo de Juazeiro do Norte. vê delinear-se o papel de Floro Bartolomeu como condutor de um conflito que só terminará quando da criação de um batalhão revolucionário para a derrubada de Franco Rabelo. Ainda assim, é Padre Cícero a engrenagem essencial, o elemento catalizador que atrai para si centenas de peregrinos. Esses devotos, cuja religiosidade não os impede que sejam combatentes apaixonados, armam-se e dirigem-se à cidade de Juazeiro. Logo, a esplanada da igreja de Nossa Senhora das Dores e a frente da residência de Padre Cícero serão tomadas por centenas de sertanejos.

Padre Cícero, às vezes, um estoico compassivo, às vezes, um articulador sem fronteiras que circula livremente entre os grandes proprietários rurais, não tem a mínima vocação nem disposição para se doar a um projeto de natureza guerreira. Porém, com Fortaleza atacando, Juazeiro teria que se defender. Para esse fim, o sacerdote irá valer-se do então Deputado Federal, Doutor Floro Bartolomeu da Costa, seu amigo dileto, articulador ardiloso e político dos mais influentes.

Inicia-se, desse modo, em todo o território cearense uma onda de especulações e informações desencontradas: que os habitantes de Juazeiro estavam sendo atacados; que se armariam e partiriam em um batalhão expedicionário para invadir Fortaleza. Era o que diziam alguns daqueles boatos, e o futuro acabaria por demostrar que eram informações procedentes.

De Pacatuba sai um grupo de peregrinos – cinco ao todo – com destino ao Vale do Cariri. A intenção daquela romaria, um grupo disfarçado, apesar dos componentes serem homens extremamente religiosos, era fornecer ajuda aos moradores de Juazeiro.

O ano de 1913, portanto, vê o Vale do Cariri sulcado por soldados enviados de Fortaleza. É a invasão efetiva a Juazeiro que tem por objetivo desestruturar a cidade e neutralizar seu líder espiritual e temporal, Padre Cícero Romão Batista. Batalhões enviados por Marcos Franco Rabelo começam a adentrar o município. A reação é organizada. Cria força. Robustece-se, principalmente, com a adesão de centenas de sertanejos. Ansiosos por lutarem ao lado dos juazeirenses, eles chegam à cidade, procuram a residência de Padre Cícero, são recebidos por Mocinha que imediatamente os encaminha às autoridades encarregadas de organizar os piquetes.

Segundo semestre de 1913. Soldados de Franco Rabelo continuam a fustigar a cidade. Os moradores de Juazeiro defendem-se como podem, destacam-se pelo arrojo. A cada peleja vencida seus corações se fortalecem. A fé que professam a Nossa Senhora das Dores e a outros santos de sua devoção dá-lhes forças para desafiar o perigo. Sempre que vêm redundar em sucesso a resistência que organizam para barrar os governistas, gritam vivas à Mãe das Candeias. Porém, as vitórias alcançadas eles fazem empenho em atribuir aos merecimentos de seu "Padrinho". Cada vez mais o reconhecem como o condutor ideal dos destinos de Juazeiro.

Chega ao fim o ano de 1913. Clãs, oligarquias e instituições continuam se digladiando. A má administração do Estado e a cupidez das famílias poderosas vão nivelando ao rés do chão a dignidade dos cearenses. A política de Franco Rabelo está sendo imposta não medindo as consequências e as escaramuças se sucedem, tanto nos vilarejos quanto nas cidades, levando à população desorientada medo, desolação e revolta. O mapa de lutas do Estado apresenta o seguinte traçado: de um lado estão os rabelistas; de outro, os aciolinos e, ao lado destes, Padre Cícero e seus seguidores.

Nessa altura, finais de 1913, encontra-se Padre Cícero apeado dos cargos de prefeito de Juazeiro e de vice-governador do Estado; mas irá tentar reavê-los. Por todo o território cearense, piquetes armados a serviço de fazendeiros transitam livremente pelas estradas e veredas vicinais, desrespeitando municípios. Fazem tábula rasa das instituições oficiais, antes já tão ineficientes e que agora se encontram sob "a égide de uma comandita interesseira que chegara à capital para escamotear o poder", conforme afirmara Nogueira Acioli quando, em 1912, referira-se ao interventor nomeado e à cúpula que o delegara, incluindo o próprio Presidente da República, o Marechal Hermes da Fonseca.

MILITÃO CHEGA AO CRATO

Segundo semestre do ano de 1913. Manhã de uma segunda-feira de outubro. Militão Vidigal aproxima-se da cidade do Crato.

Em Juazeiro, naquela madrugada, os moradores preparam-se para um novo ataque dos soldados de Franco Rabelo.

Fala-se da troca de comandantes nas fileiras do inimigo, sendo talvez por isso que as famílias juazeirenses encontram-se bem mais precavidas. Há apreensão naquela manhã de outubro. As beatas Leigas do Sagrado Coração de Jesus madrugam. Depois de se juntarem no átrio da igreja matriz a alguns devotos, dirigem-se ao Círculo da Mãe de Deus,[8] onde irão rezar e pedir pela paz da cidade. Juazeiro está vigilante. Diferentemente dessa enervante expectativa de ataque, no Crato, naquela manhã, as ruas estão completamente silentes.

Militão está chegando à região numa época extraordinariamente atípica, no auge das campanhas invasoras impostas por Franco Rabelo. Logo que se encontrar ao lado de Padre Cícero, ver-se-á tragado por aquele rio de acontecimentos que sulca o Vale do Cariri e inunda todo o vasto sertão cearense.

Nunca havia estado no Crato. Desce as ruas com toda a cautela. Vê que são por volta de quatro horas da manhã, isso se estiver correto o cálculo que fizera baseado na posição das estrelas. Notívagos são encontrados caminhando em sentido contrário. Sonolentos, porém amigáveis, arriscam um "bom dia, meu bom *sinhô*", ao que o pistoleiro se curva em posição defensiva. Quando responde, somente o faz aos sussurros. Sua voz é áspera devido aos anos de isolamento. Porém, sente que se deseja pleitear uma vida de socialização junto aos

*8 **Círculo da Mãe de Deus** – valado construído em Juazeiro quando se intensificaram rumores de que uma possível invasão à cidade estava sendo planejada em Fortaleza.*

moradores de Juazeiro, faz-se necessário reaprender a se comunicar com menos rudeza. Na juventude fora sereno, curioso, conversador, porém, quando vingara a morte do pai e se embrenhara pelas chapadas, a vida de trânsfuga e a dureza de uma profissão à contracorrente da lei começaram a operar severa transformação em seu íntimo. Quando se iniciara na arte da pistolagem, fora obrigado a se reinventar, criando para si toda uma nova sistemática, baseada na camuflagem e na necessidade de se movimentar em silêncio. No caso de Militão, é verdadeira a assertiva que diz: a autopreservação é sábia e o tempo todo inventiva.

Quanto mais se aproxima do largo da igreja matriz, mais Crato o deixa reflexivo. O silêncio da madrugada o induz a lembrar-se de sua terra natal, Redenção, e de sua adolescência junto ao pai que fora sempre muito atencioso e amigo. Purgara por treze anos, escondendo-se por baixios inabitados, furtando-se de olhares indagadores. Salvara-se de mil emboscadas, enfrentara tiros e toda sorte de desafios. Encerra suas reflexões, concluindo que só se encontrava com vida por ter se adaptado à selvageria humana e à solidão dos grandes espaços vazios. Avista o que imagina ser a praça principal e o largo da igreja do Crato. Movimenta-se ainda mais precavido.

É nesse clima nebuloso que Militão Vidigal irá iniciar um novo estágio de sua vida. Ainda naquela manhã, misturar-se-á aos viajantes de Pacatuba, e antes de o sol se esconder, encontrar-se-á nas terras de Padre Cícero. Aí, encontrará a ocasião para recuperar o que lhe sobrara de honra.

O DEDO EM RISTE DE DEUS

Sua figura é soturna. Punhal na cintura, olhos enviesados, corpo dobrado na posição de quem se obriga a caminhar eternamente de sobreaviso, Militão Vidigal é a imagem do transgressor indigesto, do homem acostumado a se fiar unicamente na força de seu fuzil. Foge da polícia, de si mesmo, tocado diuturnamente por um imenso vazio existencial. Sente dúvidas. Juazeiro o receberia, apesar de seu passado terrível? E seria acertado procurar Padre Cícero?

Durante treze anos vivera como trânsfuga, escondendo-se das batidas policiais que nunca lhe davam trégua. Nos últimos anos, começara a abalançar seus pecados ao se cansar de ser apontado pelo dedo em riste de um Deus judicioso e onisciente que o acusava por levar o selo de homicida na alma. Dessa crítica interior veio a autocompaixão e, a seguir, a vontade de se regenerar. Decide procurar Padre Cícero. É nessa hora que Militão Vidigal enxerga a possibilidade de resgatar o que lhe sobrara de brio.

Caminha cauteloso. "Bom dia, meu bom sinhô!", eram os notívagos que, cheios de curiosidade e mesmo naquela hora tão imprópria da madrugada, tentavam puxar conversa. Ele não para. Esconde-se numa indiferença há muito estudada e quando responde é tão somente através de sussurros; seu desejo é chamar o mínimo de atenção.

Por treze anos caminhara subjugado por instintos bestiais. Suas vítimas eram tantas que as marcas que usava para contabilizá-las na coronha de seu fuzil cobriam toda a madeira da arma. Hábitos degenerados dessa natureza são sintomáticos em indivíduos que nunca pensam em abjurar de seus crimes. Mas chegara um dia em que começara a se ressentir daquela vida sem glórias. De repente, as marcas em seu fuzil já não lhe davam mais aquela indefinida sensação de poder que havia adquirido quando vingara a morte do pai.

Naquela tarde, quando chegar a Juazeiro, deslindará para uma beata Mocinha sempre objetiva e direta, porém cheia de uma curiosidade inocente, as marcas que ela irá perceber desenhadas na coronha de seu fuzil. Explicará meio encabulado, num discurso cheio de evasivas, escondendo-se atrás de fileiras de reticências:

– Bem... Estas marcas, dona Mocinha... Como eu posso dizer para a senhora?... Bem... são coisas do passado. Já não mais me dão alegria. Na época, minha intenção não era outra senão render preito às vítimas tombadas pelas balas de meu fuzil. Como a senhora mesma está vendo, são marcas emparelhadas: para cada morte, uma risca...

CRATO EXTENUADA

Salvo um ou outro passante, Crato ainda se encontra vazia e destituída de cores. Militão não se detém, progride rasteiro, fuzil disfarçado; automatismo adquirido em anos e anos de tropelias. De repente, os galos cantam anunciando uma nova manhã. Ele para. Em sua alma desperta uma felicidade distante, e ele suspira saudoso. Mais uma vez volta a lembrar-se de Redenção, cidade onde nascera, e de Olho D'água dos Constantinos, a aldeia serrana que o vira desabrochar e crescer. Porém, as lembranças que mais o machucam, que mais o oprimem e o entristecem, são de seu pai e das manhãs do passado, então ele murmura saudoso:

"Papai... Quanta falta faz papai! Se estivesse vivo, com certeza, a estas horas do dia já estaria acordado."

Faz questão de ouvir o amiudar dos galos. Dos sons da madrugada o cantar daquelas aves era o que mais lhe proporcionava alegria. É uma sinfonia fortíssima que vai se alastrando de quintal a quintal, galo replicando a galo, como numa disputa de violeiros. Cães emitem latidos e ele percorre as ruas de uma cidade extenuada, sacudida nos últimos anos por acontecimentos dramáticos.

Desde 1911 que Crato se afastara ideologicamente de Padre Cícero. A campanha para a emancipação de Juazeiro, que se intensificou em 1910 e se concretizou em 1911, demonstrara o quanto andava em alta a credibilidade conquistada pelo sacerdote. Houve enfrentamentos verbais a todos os instantes e por quanto durara o processo de separação dos dois municípios. Na alma de Padre Cícero, marcas profundas haviam sido sulcadas, porém, não seria naquele ano de 1913 que cessariam os pesares dos juazeirenses. Dissabores maiores ainda estavam por vir. Embora os humildes moradores do Crato muito se alegrassem com as vitórias conseguidas por Juazeiro, obviamente, esses não eram os mesmos sentimentos das autoridades cratenses nem dos grandes proprietários de terras, inimigos declarados da causa de Padre Cícero e colaboradores leais da administração rabelista.

Os anos de 1913 e 1914 deixariam marcas profundas no Vale do Cariri. Naqueles últimos meses de 1913, os juazeirenses estavam vivendo sob um clima insuportavelmente pesado. Os soldados de Franco Rabelo mais uma vez desrespeitavam fronteiras, desta feita, adentrando através de Barbalha para surpreender Juazeiro. O surgimento do Círculo da Mãe de Deus, valeta construída sob a supervisão de Antônio Vilanova, um conselheirista sobrevivente da guerra de Canudos, não só testemunhava a disposição dos moradores para defenderem a cidade, como prenunciava o acirramento de uma disputa ainda mais desgastante. Portanto, nesse final de 1913, Juazeiro encontra-se irremediavelmente isolada. Os sentimentos dos juazeirenses se alternam, bamboleiam como os ventos erráticos soprados da colina do Horto. Ora são assaltados por grande euforia, pelo muito que haviam conquistado, ora, por notícias desencontradas que chegam diariamente trazidas por viajantes.

MILITÃO AVISTA O LARGO DA IGREJA MATRIZ

Enquanto os devotos em Juazeiro pedem a proteção dos Céus ao pé do Círculo da Mãe de Deus, Militão Vidigal chega ao Crato e se avizinha do largo da igreja matriz. As ruas ainda continuam às escuras e ele vê as últimas estrelas cadentes que deixam listras passageiras no céu.

O que estaria lhe reservando Crato? E o futuro? O que se escondia nas brumas do amanhã? Refletia. Jamais poderia prever, mas nas próximas horas ele, um pistoleiro sem remissão, um trânsfuga sempre observado por onde andava por um Deus de sobrolho fechado, procurado diuturnamente por toda a polícia cearense, ver-se-ia obrigado a procurar segurança na cidade de Padre Cícero. Ao chegar a Juazeiro e ao ser adotado pelo sacerdote, novas demandas exigiriam o concurso de seu fuzil; mas aí teria a oportunidade de resgatar o que a vida lhe havia tirado de brio.

Mas, de quais baixios inqualificáveis, de quais mundos tenebrosos estava emergindo, na verdade, Militão Vidigal?

PRECONCEITO E MORTE

Os desacertos na vida de Militão começam mesmo em 1900, quando completa dezesseis anos de idade. Nesse ano, caem sobre sua cabeça os piores infortúnios. São golpes significativos que acabam por empurrá-lo através de uma rota criminosa, onde tem que negar todos os bons princípios e sentimentos admiráveis adquiridos da herança que seu velho pai lhe passara.

Militão era um jovem negro, filho de alforriado e nascido em Redenção, antiga Vila do Acarape, cidade serrana que dista uns sessenta quilômetros de Fortaleza. Nascera em 1884, um ano após seu pai ter conseguido a alforria juntamente com 115 cativos. Os escravos do Acarape, localidade que seria rebatiza com o nome de Redenção[9], foram os primeiros de toda a Nação brasileira que ganharam a liberdade antes mesmo de ser promulgada a Lei Áurea. Porém, mais de uma década depois, quando Militão alcançara dezesseis anos de idade, um surto de intolerância racial explodira no município, chegando a marcá-lo com três selos lastimáveis, três consecutivos anátemas: de órfão, de homicida e de trânsfuga; três grandes amarguras em um ínfimo espaço de tempo.

9 ***Redenção*** *– primeira comarca brasileira a abolir a escravidão negra, em 1883, recebendo por isso o título de* **Rosal da Liberdade.**

SURTO DE PRECONCEITO

Era custoso aceitar, mas esse surto de intolerância racial irrompera no lugar mais improvável do território cearense, em Redenção, cidade antiescravista por excelência, a primeira região brasileira a libertar seus escravos. Deu-se esse surto em 1900, ano aziago não só para o jovem serrano, que além de outras mazelas veria o pai assassinado, mas para toda aquela geração de redencenses negros, cujos antecessores, os libertos de 1883, haviam sido empurrados para o alto da cordilheira.

Em todo o País, esse processo de expulsão dos negros para áreas inabitadas começara a acontecer devagarzinho, de um modo silencioso e obedecendo a uma sistemática dissimulada. Depois da Lei Áurea, o preconceito velado se tornaria prática corrente em todos os segmentos da sociedade nacional. Uma coisa fora conceder liberdade a seus negros, outra seria aceitar a possibilidade de miscigenação no âmago de suas famílias. A idéia do casamento inter-racial era inadmissível em todos os níveis e classes sociais. Naqueles anos pós-Lei Áurea, sequer se vislumbrava o dia em que o pensamento separatista instalado no seio da sociedade da época viesse a se dissipar ou tomar rumos mais tolerantes.

Fazenda Alto dos Leões, *visitada pelo autor na companhia de seu sobrinho, Alceu Gouveia Medeiros (Meeno) e do primo, Francisco Alves Gouveia (Chicute) – Redenção/CE.* **(Foto: Marlene Noronha).**

Para os alforriados do Acarape não fora diferente. Tocados por uma guerra silenciosa e por isso mesmo difícil de ser detectada, começam a se isolar dos brancos urbanos e a se agregar no alto da cordilheira. O resultado foi o surgimento de povoados em áreas íngremes da região, tais como Serra do Vento, Flecheiras, Pico dos Honoratos, Riacho das Pedras, todos acomodados nas reentrâncias das serras. Olho D'água dos Constantinos, aldeia onde moravam Tributino e seu filho Militão, também nascera dessa demanda.

A MORTE DE TRIBUTINO

Chega 1900. Neste ano é negado aos moradores negros das serras de Redenção o direito de participar da feira livre, comércio "democrático" que se realizava aos domingos. Essa medida arbitrária gera entre aqueles pequenos agricultores, pessoas já cruelmente penalizadas, um mundo de insatisfações. É dentro desse quadro de amarguras e incertezas que Tributino Vidigal rebelar-se-á e será assassinado. Para agravar o episódio, seu executor será aquele que mais tem o dever de zelar pela segurança do município, Nazareno Batista, um cabo pertencente ao destacamento local.

O domingo infausto da morte do ex-escravo chegou de inopino em Redenção e dizem que fazia aquele típico céu azul-cearense. O velho serrano acordara bem cedo naquela manhã. Um único propósito ele levava em mente: desafiar a "norma" que negava a participação de sua gente na feira. Desceria para a cidade onde venderia seus caçuás como forma de protesto às injustiças que via se confirmar e que tanto já fizeram sofrer os moradores daquelas brenhas de serras.

Tributino, antes de ter sido arrancado da África, fora príncipe entre os seus. Havia nascido de um tronco da velha nobreza nigeriana e carregara a lança de guerra de sua gente orgulhosa. No novo continente, depois de ter o navio negreiro atracado no porto cearense do Mucuripe, é levado como escravo para a Vila do Acarape, onde passa a trabalhar na Fazenda Alto dos Leões, propriedade de grande extensão territorial dedicada à produção canavieira e fabrico de aguardente e açúcar. Vive ali até o dia primeiro de fevereiro de 1883 quando, graças à pressão exercida pelas sociedades antiescravistas do Ceará, Alto dos Leões concede alforria a todos os seus cativos. Nesse ano, extingue-se a escravidão negra naquela nobre e bucólica localidade serrana.

Mural do Museu Senzala Negro Liberto, ***Fazenda Alto dos Leões*** *– Redenção/CE.* **(Foto: Marlene Noronha).**

Com a carta de alforria nas mãos, Tributino deixa os canaviais da Fazenda Alto dos Leões, casa-se e aprende a trançar caçuás. Um ano depois, em 1884, nasce o filho a quem dá o nome de Militão. Porém, mais um revés iria acontecer na vida do ex-escravo. Sua esposa, que sofrera diversas complicações ao dar à luz a criança, depois de algumas semanas de excessivos padecimentos, falece. As tristezas que vão surgindo não o intimidam e ele dedica ao filho sua melhor atenção e carinho. Com o passar dos anos, torna-se exímio na arte do trançado de cestos e caçuás, que negocia na feira, única renda que o ajuda a continuar resistindo. Em 1900, Militão se encontra com dezesseis anos de idade. Nesse ano, testemunha a grande desolação do pai quando é negada a entrada do povo negro na feira.

Quadro do acervo do Museu Afro Brasil – São Paulo/SP.
(Foto: Marlene Noronha).

De fato, Tributino não se conformara. Achara um ato maldoso demais para com sua gente. Naquela manhã, acorda mais cedo. Sentindo-se injustiçado e sufocado por imensa necessidade, convence-se de que terá que desafiar seus algozes.

A MANHÃ FATÍDICA

O sol de domingo lança seus primeiros raios de luz espalhando vida na cordilheira. Desce Tributino para a cidade onde deverá cumprir seu destino. Nem bem chega à feira e organiza seus caçuás, cerca-o uma pequena guarnição liderada por Nazareno Batista. Nazareno Batista, que tinha a patente de cabo, era adstrito à chefatura de polícia local. Por ter-se aliado às famílias preconceituosas da região, tornara-se o mais inflamado dos vigilantes que se empenhavam em fazer obedecer a Lei que silenciosamente irrompera no município.

Mural do Museu Senzala Negro Liberto, ***Fazenda Alto dos Leões*** *– Redenção/CE.* **(Foto: Marlene Noronha).**

A explicação dos redencenses para a onda de preconceito que abalara a cidade fora que se tratara de um ato isolado, algo escondido, pois, nem os proprietários da Fazenda Alto dos Leões nem qualquer segmento dos remanescentes antiescravistas de Fortaleza, as célebres associações abolicionistas, chegaram a tomar conhecimento do fato.

Nesse domingo, fazia a ronda o cabo Nazareno Batista. Estava acompanhado de dois auxiliares quando lhe chama atenção a pilha de caçuás. Para o cabo, mais que um acinte, aquele era um gesto crasso de rebeldia inaceitável. Aproximam-se do ex-escravo. Depois de uma admoestação gutural, o cabo Nazareno Batista tenta empurrá-lo para fora do quadrilátero onde se realizava o comércio.

"Soldado! Aprendiz! Ponham este negro em correntes!" – grita Nazareno Batista, e essa ordem só acelera a revolta de Tributino. Suscita que reviva um mundo de recordações dolorosas. De imediato ele se lembra da chegada à costa cearense. Lembra-se de terem sido arrastados para fora do navio, depois conduzidos para um galpão nas proximidades do porto. Lá, alguém o colocara exposto, seminu, numa espécie rudimentar de tablado. Em sua frente, um homem começou a negociá-lo, esmerando-se em um pregão que somente depois, já como escravo na Fazenda Alto dos Leões, viria compreender plenamente:

"Vejam esta peça! 1.200 réis! Tem dentes bons, é jovem e de musculatura rija. Ideal para a lida em canaviais. Quem se habilita?... Só 1.200 réis..."

Quadro do acervo do Museu Afro Brasil – São Paulo/SP.
(Foto: Marlene Noronha).

A ordem gritada por Nazareno Batista suscita no ex-escravo um mundo de recordações dolorosas. Ele volta a se lembrar da viagem através de mares desconhecidos. Lembra-se dos lamentos ouvidos no porão do navio, ocasião na qual identificara muitos de seus conterrâneos. Encontravam-se ali, pessoas da nobre linhagem dos bantos, dos cabindas e de outras etnias, principalmente, daquelas de dialetos originados do belo idioma ioruba... Todos humilhados, embrutecidos, submetidos aos maus-tratos e destinados a um futuro de desolação e ruina.

"Soldado! Aprendiz! Acorrentem esse negro!" Repete o cabo, trazendo o ex-escravo das brumas de suas mais doloridas lembranças. Aquele seria um dia trágico, uma data maculada que os serranos, principalmente os moradores de Olho D'água dos Constantinos, jamais iriam esquecer.

"Soldado?!... Aprendiz?!..." O cabo começa a repetir, porém, ao ver a falta de iniciativa dos companheiros, parte ele próprio a fim de acorrentar Tributino. Há resistência. Enganara-se muitíssimo Nazareno Batista se pensara que o velho serrano não iria resistir à humilhante abordagem. Punhais se cruzam. Depois de alguns instantes, reconhecendo a destreza e valentia do velho ex-cativo e vendo a inércia e a flagrante falta de agressividade de seus auxiliares, ele grita: "Aviem! Não veem a competência do negro?... Ajuda soldado! Ajuda aprendiz! Ajudem a subjugar esta fera"!

Depois do fato consumado, os redencenses iriam comentar muito mais a cena hilariante e vexatória protagonizada por Nazareno Batista e seus auxiliares que propriamente a imensa tragédia que fora a morte do ex-escravo.

Dizem que Tributino Vidigal fora silencioso e competente pelo tempo em que durara o combate. Quanto ao cabo, na hora imensa, ao ver-se em desvantagem, descarta o punhal, empunha a arma de fogo e atira. Quando a fumaça se esgarça, Tributino é avistado sem vida. Morreu lutando e ainda se conservava de pé, amparado em seus caçuás.

Tributino ali, na palidez pós-morte, meio de pé, meio derreado, escorado em seus caçuás, era a imagem acabada de

El Cid, o grande Cavaleiro de Castela, vencedor de grandes torneios medievais. Conta uma variante da Saga de El Cid que depois de morto em batalha, seu corpo fora acomodado sobre o cavalo, pois seus comandados acreditavam que somente sob sua liderança poderiam suplantar o exército inimigo. Entre os abalados opositores, El Cid circulou meio sentado, meio derreado, ladeado por seus Cavaleiros, até a vitória final.

Nazareno Batista demonstrando excessivo descaso ainda encontra tempo para observar a falta de pulsação do serrano. Constatado o óbito, aos sobressaltos, as ventas aos solavancos, dizem que ele ajeitara o casquete sobre a desguedelhada cabeleira, cofiara o bigode e, muito lanhado, comandara a debandada de seus ajudantes. Jamais perdoaria a incompetência de seus auxiliares aos quais imputava toda aquela situação vexatória.

Instantes depois, Militão chega à cidade. Em choque, olha o corpo sem vida que os caçuás amparavam e ajoelhado promete vingança. Sua mente entra em circunvolução e uma voz lhe ordena:

"À vingança, negro! Faça-a! O sangue ainda não secou na areia! Ao filho cabe essa honra! Faça-a!"

Mas outra voz menos agressiva, firme, porém racional, pede-lhe reflexão e tenta alcançar os níveis mais elevados de sua alma em delírio:

"Não! Vingança não! Olhe seu pai! Ele morreu de pé, firme em sua nobreza, como morrem os baobás de sua África saudosa... Levante-se! Vá para a vida! Esqueça as promessas de morte!"

Duas horas depois, a notícia alcança Olho D'água dos Constantinos. Os serranos entristecidos descem para o local da tragédia. Colocam o corpo do velho ex-escravo em uma rede e, num mutirão melancólico, tomam de volta as veredas da cordilheira. Enquanto Olho D'água dos Constantinos vela seu morto e Redenção retoma seu ramerrão corriqueiro, Militão ouve vozes. Sua epifania mais racional o instiga: "erga a cabeça, negro! Levante-se!" Ele obedece, mas da vingança jamais irá esquecer. Dela fará seu orgulho, seu desiderato, seu objetivo de vida.

Aquele dia fora pesado, dolorido, uma data inolvidável para o jovem Militão Vidigal. No dramático segundo em que lhe fora anunciado o assassinato do pai, o ápice de sua madureza fora subitamente alcançado. Estava com apenas dezesseis anos de idade, mas, a partir dali, nunca mais haveria de sentir a doce serenidade dos dias da meninice. Apesar de aquela voz racional lhe pedir calma e reflexão, entregar-se-ia aos instintos mais primitivos.

A REPERCUSSÃO

E essa morte, como a recebeu a sociedade cearense?

A notícia infortunada da morte do ex-cativo mal teve forças para alcançar Fortaleza. Fora levada aos sussurros nos trens de ferro, mas somente chegou aos ouvidos de fugidios caburés encarapitados nos cafundós de Maranguape e Maracanaú e de tisnados jangadeiros de peles curtidas de maresia e sal. A ninguém mais coube saber ou chorar a morte do ex-escravo. E era um personagem importante, um dos 116 que foram premiados com a antecipada alforria. Não tomaram conhecimento os proprietários do Engenho Livramento? Como se não tivesse qualquer importância, nenhuma autoridade estadual ou distrital se compadeceu ou se interessou pelo caso. A notícia se esboroou sem audiência de vulto nas praias cearenses, juntamente com o que restara do espírito libertário do velho Dragão do Mar[10], imerso nas águas verdes do Mucuripe.

Era o ano de 1900. Militão Vidigal se encontra irremediavelmente sozinho, ele e aquela voz que o incita constantemente à vingança. Não havia justiça? Nem Deus?! – ele praguejava. Então seria ele o braço punitivo a substituir a justiça dos homens e a mão potentíssima de Deus.

*10 **Dragão do Mar** - titulo dado a **Francisco José Nascimento**, o Chico da Matilde, líder dos jangadeiros na luta pela abolição da escravatura no Ceará. Em suas ações, impediam o desembarque de navios negreiros nas praias cearenses.*

A vingança era uma lei ancestral muito presente por aqueles dias, um elemento intrínseco à cultura interiorana, uma saída para os humildes que formavam uma classe marginalizada e, desse modo, excluída da tutela regulamentar do Estado. Vendo Militão o protecionismo com que o poder público de Redenção tratava o assassino do pai, prepara-se para executar a vingança.

Contam que andou dias e mais dias pelas ruas do centro comercial da cidade. Sempre muito disciplinado, montou atalaia no largo da igreja matriz, chegando a dormir em um dos bancos da praça. Sua força de vontade foi determinante. Passados três meses, depara-se com o homicida que transita livremente à vista mesmo das autoridades policiais.

A VINGANÇA

A impunidade era tanta e o criminoso estava tão confiante que caminhava sem maiores cuidados, e isso deixa Militão profundamente infeliz. É uma manhã de domingo e o jovem serrano acabara de chegar à cidade. Seria um confronto infeliz para o criminoso e um divisor de águas para Militão. A reparação deveria ser feita ali mesmo, no largo principal da cidade, em frente à matriz e aos pés da Redentora, um busto de bronze recém-inaugurado e que homenageava as 116 alforrias. O criminoso se surpreende quando ouve uma voz de timbre adolescente, macia e gentil, que educadamente sussurra:

"Seu Nazareno Batista! Um instante. Preciso de um aparte com o senhor. Sou filho do negro Tributino Vidigal..."

Ao ouvir o nome daquele que assassinara na feira, Nazareno Batista sente-se petrificado. Mas, o pior e que selaria seu destino foi o que ouviria a seguir:

– Sou filho de Tributino Vidigal, o negro assassinado na feira pelo senhor, seu Nazareno Batista... Sou Militão e andei dias e mais dias vendo se encontrava o senhor. Vamos, pegue seu punhal. A oportunidade que estou dando ao senhor não foi a mesma dada a papai. Avie! Arranque seu armamento!

Militão tinha compleição forte. Era um negro de físico avantajado e herdara a racionalidade dos nigerianos e a determinação e valentia do pai.

Mural do Museu Senzala Negro Liberto, ***Fazenda Alto dos Leões*** *– Redenção/CE.* **(Foto: Marlene Noronha).**

A agilidade de Militão é surpreendente. A vingança é cobrada. Ele a executa bem aos pés do busto de bronze e a somente a alguns metros do local onde Nazareno Batista havia assassinado seu pai. No futuro, Militão contaria que havia cobrado a dívida de sangue porque ouvira vozes que exigiam constantemente a reparação da infâmia. De fato, visões de uma epifania interior amiúde o incitavam a não esquecer a vingança.

Lavada a alma, Militão dirige-se a Olho D'água dos Constantinos. Horas depois, toda a força policial de Redenção encontra-se subindo a ladeira. Militão é cercado. Consegue se esgueirar e foge deslizando pelos aclives, tateando através das levadas, aproveitando-se da topografia irregular do terreno. Na manhã seguinte, exibindo apenas leves escoriações pelo corpo, ele surge em Faísca, um povoado a noroeste de Redenção, onde é atendido por um membro de uma das famílias locais. Ali, no entanto, não se demora, vai para Candeia, dirigindo-se a seguir para a cidade de Baturité. Acuado pelos soldados, marcado agora por seu terceiro selo, seu terceiro anátema, sua única saída seria o grande sertão cearense.

De repente, vê-se vagando pelo vale do Jaguaribe, Orós, Banabuiú, indo até a chapada do Apodi, na divisa do Rio Grande do Norte. Era o começo de uma caminhada insana e inconsequente que somente treze anos depois iria findar. Estando em alta o regime da pistolagem, é obrigado a aderir a essa prática, transformando-se no matador mais requisitado, repugnante e letal que aquelas regiões tiveram a infelicidade de conhecer.

Treze anos durara sua jornada deletéria, participando como agente ativo de uma tragédia humana sem precedentes entre as já tão penalizadas famílias sertanejas. "Para cada morte, uma risca", ele diria quando perguntado sobre as marcas encontradas no cabo de seu fuzil. No final de seu êxodo, chegara a não ter na coronha de sua arma espaço suficiente para contabilizar tantas mortes. Ele alugara seus serviços a fazendeiros inescrupulosos, coronéis que se tornaram senhores da vida e da morte, devido à inoperância e venalidade das leis. Deambulando por um submundo sem honra, sem glórias e sem concessões chega um dia em que sua alma acusa um imenso vazio existencial. Cansado de tudo, com o coração em descompasso, começa a abalançar sua vida. Toma uma resolução que o futuro lhe diria ser acertada. Era algo factível de ser concretizado e que salvaria o que lhe sobrara de brio: sair o quanto antes daquela rota abjeta de assassinatos e tropelias, mesmo sabendo que em outros outeiros novas demandas poderiam exigir o concurso de seu fuzil.

Assim, cheio de bons propósitos, com a flama da esperança a lhe servir de farol, depois de treze anos de um êxodo em espiral e extremamente desgastante, deixa a região do alto Jaguaribe e vê-se trilhando as veredas do Vale do Cariri. Chega ao Crato naquela madrugada de segunda-feira de outubro do ano de 1913. Saíra, afinal, da zona de tropelias. E agora? Seria oportuno procurar Padre Cícero?

Enquanto os galos cantam apregoando o começo de uma nova manhã e as estrelas cadentes riscam os céus por trás do horizonte do Crato, Militão caminha silencioso. Avista o largo da igreja matriz. É cheio de regras, embora um automatismo adquirido o dirija. Nos últimos dias, além de soldados vindos de Fortaleza, pessoas de todas as procedências passam diariamente pelo centro da cidade do Crato. No meio dessas levas, escondem-se romarias que alimentam um único e insuspeito desejo: ser recebidos em Juazeiro para participar das lutas contra os inimigos de Padre Cícero. É o caso dos cinco peregrinos – pequenos agricultores – que haviam deixado o município de Pacatuba e que iremos a seguir conhecer.

OS PEREGRINOS DE PACATUBA

Crato. Vinte e nove de outubro. Dia anterior à chegada de Militão à cidade. São por volta de seis horas da tarde. Os últimos raios de sol já se escondem por trás de um horizonte cinzento que, ilusoriamente, vai se distanciando dos homens. As casas, os becos, os armazéns, tudo já começa a perder sua cor, embora, mesmo nas altas horas da noite, os espaços estrelados ali na região do Cariri permaneçam excessivamente brilhantes.

Cinco viajantes aproximam-se do largo da igreja matriz e a julgar por seus chapéus de palha empoeirados e suas roupas severamente castigadas e esmaecidas pela soleira, eles vêm de uma região fora das jurisdições do sul cearense. De fato, são peregrinos que se destinam a Juazeiro, provenientes de Pacatuba, uma localidade nas proximidades de Fortaleza. São eles: o idealizador, Barjonas Moreira Regina, Ezequiel e os irmãos Filisteu e Romão, seguidos do tio Zeferino Amaral. Os dois mais velhos, Barjonas e Zeferino, aparentemente beiram os setenta anos de idade. Eles vêm vencendo o desafio de uma caminhada desgastante, mas a simples visão das primeiras casas do Crato lhes dá forças para não desanimar e seguir.

É uma romaria atípica. Embora seus componentes sejam homens religiosos, ela tem um caráter eminentemente terreno. Obedece a um "chamado". Juntar-se-iam aos sertanejos do Cariri, pois ouviram dizer que Juazeiro estava sendo atacada e que Padre Cícero, através de seu amigo Floro Bartolomeu, pretendia enfrentar as forças estaduais expedidas de Fortaleza. Sensibilizados e penalizados pela sorte de seus coirmãos juazeirenses, haviam arrumado seus embornais e sob a liderança do velho Barjonas, um antigo caixeiro-viajante, tomaram as sulcadas veredas do sul. Haviam partido em obediência ao "chamado", não só porque sabiam que a causa de Floro Bartolomeu era santa e era a mesma de Padre Cícero e de todos os pobres do Ceará, mas também porque cada um ali já fora penalizado pelo nefando sistema implantado sob o governo de Franco Rabelo. Eles, particularmente, haviam perdido todos os haveres ao enfrentar a cobiça de um proprietário sem escrúpulos que subjugava os pequenos agricultores da região: o coronel Negromonte do Nascimento. Esse fazendeiro, herdeiro de tradicional família pacatubense, havia se tornado um ardoroso colaborador dos desmandos da política rabelista irradiada de Fortaleza.

A viagem a Juazeiro fora planejada, portanto, depois de concluírem que se Padre Cícero conseguisse derrubar Franco Rabelo da cadeira que ocupava em Fortaleza, o poderio de Negromente também diminuiria na região de Pacatuba. A ajuda imaginada e planejada por Barjonas, com a adesão corajosa de seus quatro companheiros, seria uma contribuição microscópica aos sofridos moradores de Juazeiro. Por menor que fosse a contribuição – e mesmo que parecesse uma aventura quixotesca –, serviria, em última instância, para aplacar a sensação de impotência que acometia a eles, inculpes vítimas da cobiça de Negromonte.

Sempre supervisionados por Barjonas, descem satisfeitos pelas ruas do Crato e um só pensamento os anima: chegar a Juazeiro e resgatar sua dignidade ao representar à altura os pequenos agricultores de Pacatuba, tão espezinhados pela ganância e autossatisfação de um coronel sem escrúpulo.

Eles haviam se perguntado, no dia em que idealizaram a viagem: "que contribuição nós poderemos oferecer?" Não sabiam, mas seria através deles, as vítimas mais humildes e sem representatividade alcançadas pela administração rabelista, que os pequenos agricultores não só de Pacatuba, como também de Guaiuba e Baú, iriam se livrar em breve do jugo de Negromonte.

O PERNOITE NO CRATO

Todos caminham amolentados, o calor daquele dia havia cobrado seu preço. Barjonas fala-lhes sobre a necessidade do pernoite, apesar de se encontrarem somente a algumas horas de Juazeiro. Há certa pressa por parte de Filisteu, o que faz com que o porta-voz severamente argumente:

– Avemaria. Sem sustância, penso de um lado, com essas mochilas nas costas... Não! Vamos é dormir. Como poderemos nos apresentar pra prestar ajuda aos sofridos de Juazeiro com cara de quem acabou de sair do borralho? Não! Vamos é dormir. Paciência, Filisteu! Amanhã a gente acorda melhor. Até meio-dia estaremos nas ruas de Juazeiro.

Aproximam-se do largo da igreja matriz. Vão-se os últimos clarões da tardinha. A continuar assim, logo Crato estará inteiramente imersa nas sombras da noite profunda. Caminham, conversam, olham o céu, cuja cor vai passando do azul-claro-celeste para um enegrecido azul-marinho-brilhante. Essas transformações vão se dando sem alarde, silenciosamente, numa aceleração contínua como tudo o que se processa no universo imensurável de Deus. Um destacado ponto de luz no rodapé do horizonte, já na altura do município de Barbalha, lembra-lhes de que é noite de lua cheia. A grandeza do Cariri mexe com a sensibilidade do porta-voz. Na medida em que vão percorrendo a cidade, Barjonas não para de propagar as belezas de um Céu tão infinitamente profundo. Tudo lhes chama atenção. Ali, são todos sertanejos argutos, nada se passa sem que sofra a interferência de seus olhares observadores. Vão encontrando uma Crato com um comércio tentando sobreviver, apesar da estagnação econômica que grassava por todo o território cearense. Não era diferente de Pacatuba. Aliás, por aqueles dias, mesmo as cidades mais próximas a Fortaleza, que eram as menos castigadas pela seca, estavam vivendo dias de excessiva miséria.

Chegam à praça. Aproximam-se de um recém-construído coreto, ao lado do Santo Cruzeiro, o mais familiar dos símbolos cristãos, e quando o veem, tiram automaticamente os chapéus. Tudo que eleve suas almas a Deus eles tratam com admirável respeito. Depois de terem analisado o coreto, cuja base cimentada era um convite aos seus corpos amolentados, elegem-na como a estalagem perfeita.

Desfazem-se dos embornais, das cabaças; Filisteu Amaral, que carregava o oratório, baixa-o ao solo, então, puxado pelo porta-voz, todos rompem no "Oh, Mãe Compassiva", um bendito muito querido e que eles cantavam diariamente em honra a Nossa Senhora das Dores. Deitam-se. O silêncio os embala e eles olham o Céu do Crato que lhes parece extremamente largo e brilhante. Diminutos pontos de luz se acendem e se apagam numa pirotecnia sem precedentes. São estrelas às miríades, agrupadas em constelações já há muito conhecidas e admiradas pelos sertanejos que eram exploradores por excelência das atividades celestes. Porém, é a Lua quem realmente lhes chama a atenção. Desde tempos imemoriais, a Lua é a "dindinha" especial, isto é, a madrinha preferida de todas as crianças do Ceará, principalmente aquelas nascidas longe dos centros urbanos. É a esta madrinha carinhosa, a Jaci de seus ancestrais, que os pequenos costumam dirigir a seguinte oração, pedindo-lhe a bênção e agradecendo pelas primeiras chuvas depois das estiagens prolongadas:

A bênção, dindinha Lua!
A bênção, minha madrinha!

Sete lágrimas caem ao solo
Sete lágrimas de seus olhos
São chuva, sereno e orvalho
Na plantação de maniva...

'Brigado, dindinha Lua!
'Brigado, minha madrinha!

Idênticos agradecimentos sussurram os cansados peregrinos naquele último pernoite. Meio emocionados, refestelados sobre a base cimentada do recém-construído coreto, voltam suas almas a Deus. Rezam, conversam, olham o recôncavo celeste, aí vai chegando a morrinha definitiva, o sono verdadeiramente pesado. A intenção do grupo é despertar cedinho, nas "primeiras loas dos galos". Dão-se boa-noite, segundos depois, encontram-se mergulhados em um sono profundo e reparador.

OS GALOS DESPERTAM OS ROMEIROS

É madrugadinha. Militão há pouco chegara ao Crato. Os galos das residências ao redor da praça anunciam o nascimento de uma nova manhã. Seus cânticos ecoam no largo da igreja matriz e aquelas "primeiras loas" são emitidas de quintal a quintal, galo respondendo a galo, como disputas de violeiros. É o primeiro dos três cantares que pitorescamente os velhos peregrinos cearenses chamavam de "loas em honra a Nosso Senhor Jesus Cristo". Assim era dito porque aludia ao texto bíblico "*Em verdade te digo que, nesta mesma noite, antes que o galo cante, três vezes me negarás*", que eles distraída ou equivocadamente trocavam por "*antes que o galo cante três vezes, uma vez me negarás*". Seja como for o versículo, por terem essas aves sido citadas em uma hora tão especial, momentos antes do sacrifício no Gólgota, tanto as sinfonias, quanto as próprias aves eram consideradas sagradas. Nada embalava mais o sono dos cearenses do campo que os três concertos da madrugada, "as três loas dos galos", que eram recebidas como "as três salvas maiores em honra de Nosso Senhor Jesus Cristo".

Os romeiros despertam sob a magia daquela maravilhosa cantiga. É uma sinfonia fortíssima que vai se alastrando por todas as ruas e por todos os bairros adstritos a uma Crato desmesuradamente sonolenta, sacudida nos últimos meses por acontecimentos dramáticos originados em Juazeiro.

De pé, enquanto acompanha com os olhos a elipse momentânea de uma estrela cadente, Barjonas saúda seus companheiros:

"Bom dia, meus filhos!... Avemaria, não é hora de se levantar? Vejam que madrugada bonita!"

Até ali, a viagem transcorrera numa paz e numa segurança absolutamente notáveis. Barjonas estava feliz. Concede uma hora para que aprontem os embornais e devolvam os registros dos santos para o interior do oratório. Insiste para que Filisteu, o encarregado naquela manhã de suprir de água as cabaças, tenha cuidado ao executar a missão. Uma das mais importantes tarefas de "um bombeiro de romaria", Barjonas dissera, era a escolha das águas que eram consumidas nos dias de muito calor. E reforçara:

"Evite água salobra, Filisteu. Água salobra no dizer de mamãe, avemaria, está a um grau pra veneno."

Nos céus do Crato, as últimas estrelas se apagam. A iminência de um sol estafante – era a estação de muito mormaço e poeira – faz com que gozem com verdadeiro deleite daquela madrugada serena. Comportam-se cheios de religiosidade. Mas é assim que costumam se apresentar, de um modo geral, os cearenses interioranos. O respeito é exagerado pelos espaços celestes, pelos mistérios do "Alto", pela abóboda azulada que chamam de território de Deus.

– É, *seu* Zeferino... É nessa hora que tiro a Deus o chapéu... Tudo o que foi dito nas Escrituras Sagradas das belezas do firmamento é verdadeiro demais, avemaria... Mas, voltando ao nosso mundo: o senhor sabia, *seu* Zeferino, e os senhores também, que Crato é o berço natal dos Romão Batista, tronco do qual veio a nascer Padre Cícero?...

Barjonas Moreira Regina tornara-se um dos maiores conhecedores de estradas e condutores de peregrinos que os moradores da região serrana de Pacatuba e suas adjacências tiveram a honra de conhecer. Às vezes, como líder de romaria era exigente, irônico, melodramático e desafiador. Nas viagens que promovia gostava de ser chamado de porta-voz, talvez título inventado por peregrinações de eras mais afastadas. Era filho natural de Pacatuba, oriundo da pobreza mais inviável dos cantões da cordilheira, mas que tinha nome respeitado e a admiração de todos de sua comunidade. Depois de ter deixado a função de caixeiro-viajante, desavisadamente comprara uma pequena propriedade na vizinhança do sítio do coronel Negromonte. Fora seu grande erro. Ao cabo de um mês, mediante escrituras adulteradas, facilitadas por uma administração vergonhosamente corrupta, tudo o que adquira fora se somar ao império de Negromonte. Pobre e incauto pacatubense! De uma hora para outra, percebera-se arruinado e nem representar judicialmente contra aquele que o levara à falência fora-lhe facultado fazer. Naquela romaria todos sem exceção haviam sido vitimas da ganância do coronel. E o vergonhoso era que em Pacatuba, por se encontrar a região nas mãos de rabelistas comprometidos, poucas autoridades do município se aventurariam a encaminhar denúncia para se investigar Negromonte.

A ida a Juazeiro fora projetada às carreiras. Três sentimentos os nortearam para organizarem a viagem: o ódio a Negromonte, a empatia com os juazeirenses e a certeza do sagrado a legitimar a empreitada guerreira de Floro Bartolomeu.

Nos últimos anos, Negromonte tornara-se o flagelo de Pacatuba. Nas estradas, quando o assunto era o coronel Negromonte, o velho Barjonas, amuado, furtava-se de participar da conversa. O conceito que desenvolvera sobre a classe dos coronéis, cujo representante maior era Negromonte do Nascimento, está sintetizado nesta sua observação feita quando passavam por Iguatu. Fora uma colocação desdenhosamente ferina, porém, muito pertinente, por sinal, e sincera:

– Coronel, até esse nome já me dá arrepios! Quando a conversa é sobre coronel, avemaria! Nem contem comigo! Essa nação de gente, compadre Zeferino, quanto mais tem, mais porfia por possuir. O império de suas feições nunca muda: são léguas e mais léguas de terra... Para ficar rico, o roubo é sua conduta. Coronel, até esse nome já me dá arrepios!

Por aqueles dias, enquanto os romeiros de Pacatuba caminham em busca de Padre Cícero, no Vale do Cariri os moradores de Juazeiro estão às voltas com os piquetes enviados da Capital do Estado. A radical animosidade levada a cabo pela "Política das Salvações", somada às ideias atuais e personalistas de Franco Rabelo, induzira os representantes de Juazeiro a uma conclusão definitiva: a necessidade de derrubá-lo da cadeira máxima do Ceará. Para isso, a formação de um batalhão expedicionário, que marchasse sobre Fortaleza, deveria ser planejada e posta em prática no menor espaço de tempo possível.

Os últimos meses do ano de 1913 estão se mostrando onerosos demais para os habitantes de Juazeiro. Outubro estava sendo marcado por intensa movimentação na fronteira do município.

No Crato, naquela manhã de segunda-feira, os galos cantam mais uma vez. É a segunda sinfonia, a segunda loa em honra de Nosso Senhor Jesus Cristo. A madrugada ainda se encontra sem nenhum atrativo e sem cores. Por ser dia de feira, alguns notívagos já começam a circular pela praça. Eles chegam, percebem os romeiros, olham para eles de certa distância, acocoram-se, conversam entre si, enquanto o velho Barjonas, indiferente ao movimento que começa a se formar ao redor do coreto, concentra-se em observar as últimas estrelas no céu. Elas gradativamente vão se apagando expulsas pelos primeiros albores da madrugada. Barjonas era um eterno admirador das atividades celestes, lugar que achava ser território exclusivo de Deus.

– Nunca tinha visto igual... Falo da Lua que alumiou ontem nossa chegada, compadre Zeferino... A Lua, avemaria, é sagrada demais para o povo cearense! Oh nação católica! Não sei se *seu* Zeferino já ouviu falar nisso, mas a Lua é uma das criações de Deus datadas dos tempos da grande escuridão sobre a terra. Segundo dizia mamãe, a Lua foi um presente de Deus para nossos primeiros pais no Jardim do Paraíso.

Crato a custo vai despertando. Sonolentos sertanejos começam a circular pelas ruas. Por ser dia de feira, aliás, a mais importante da região, logo a praça estaria completamente tomada. Enquanto organizam os embornais, o velho Barjonas procura lembrar a seus companheiros o caráter sagrado daquela viagem:

– Viu, compadre Zeferino e os senhores também *Zequiel,* Filisteu e Romão... Levemos sempre isto em nossas cabeças, se formos aceitos nas fileiras de Padre Cícero estaremos concorrendo para diminuir as maldades de Negromonte.

Isso era repetido exaustivamente desde que saíram de Pacatuba. Acabar com os desmandos do coronel Negromonte era um sonho praticamente impossível, concluía Barjonas. E dizia para justificar a viagem:

– No entanto, avemaria, se a gente se juntar aos juazeirenses para a derrubada do governador de Fortaleza já é uma vitória do povo de Pacatuba. Não deixa de ser uma vingança de toda aquela gente da região pelas maldades do coronel...

MILITÃO JUNTA-SE AOS ROMEIROS

Mais uma vez acontece a sinfonia dos galos. Era o último dos três cantares. Não tardariam a surgir os primeiros clarões da manhã. Barjonas, prevendo para breve a conflagração do mormaço, chama a atenção de seus companheiros. O certo era partirem – ele dissera – aproveitando o clima ameno da madrugada, antes mesmo da aglomeração dos feirantes. E tinha razão. Dezenas de sertanejos já começavam a se concentrar na base do Santo Cruzeiro e região do coreto.

Enquanto Barjonas, Zeferino, Ezequiel, Romão e Filisteu organizam-se para continuar a viagem, Militão Vidigal aponta no lado norte da praça. Quando ele vê a inesperada concentração de feirantes, alguns acocorados, outros de olhares suspeitos, todos macerados devido à brutalidade da fome, faz-se ainda mais cauteloso. Seu caminhar é calculado. Constitui-se de movimentos leves como fazem os gatos maracajás. No futuro, já aculturado e vivendo na casa de Padre Cícero e já se beneficiando da amizade e do refinamento de Mocinha, dirá para justificar seu jeito brusco e, irremediavelmente, canhestro:

– Minha santa, a senhora tenha em mente que um dia já fui como os bichos do mato. O que me salva de voltar a ser como os animais da floresta é a convivência com a senhora e as gentilezas de meu padrinho.

Chega à praça. Procura um lugar oculto, um canto menos visível. Usa camisa de mescla cáqui, tecido grosseiro, abotoada desde o pomo de adão à parte inferior já na altura das coxas. Como se não bastasse e para se somar à sua aparência soturna, porta um fuzil que tenta ocultar na parte menos visível do corpo. Quando vê os cinco romeiros na azáfama de reiniciar a viagem, evita-os. Procura guardar distância. Grupos de viajantes sempre o puseram desconfiado. Disfarça-se, camufla a arma em um dos lados do corpo, esconde de algum jeito o punhal e vai se confundindo aos feirantes. Olha, estuda o ambiente, a seguir se aboleta em uma das áreas menos povoadas do largo.

A vida é imprevisível. É cheia de intercorrências porque está sujeita aos alinhamentos e interferências que vão surgindo ao longo de sua marcha. Desse modo, por se encontrar inserido nessa lei universal dos acasos e coincidências, empurrado como tudo no universo pela explosão primordial, isto é, pelo grande impulso inicial, o *Fiat* da criação, aquele pistoleiro logo será obrigado a se enveredar por um novo e desconhecido caminho. Irá se unir à romaria saída de Pacatuba e se tornar o sexto peregrino deste pretenso grupo de vingadores. Chegará a Juazeiro, conhecerá Padre Cícero e, dias depois, a despeito da fama de homicida, tornar-se-á seu servidor mais fiel.

Enquanto os fatos novos ainda estão em seu processo natural de gestação e o pistoleiro vai se confundindo aos feirantes, a manhã do Crato vai se processando de uma maneira absolutamente normal. O sol ainda é uma simples promessa de vida.

UM DESPACHO POLICIAL

Enquanto os pacatubenses vão arrumando seus embornais, não cessam de chegar os madrugadores. São agricultores que vêm ordinariamente à cidade. Alguns estão a passeio, não têm o que negociar já que nada lhes sobrara de um ano avassaladoramente escasso e avaro. Há vendedores de cordas, negociadores de fumo, arreios, urupembas... Caboclos desanimados circulam ao deus-dará, enxadas às costas, semblantes abatidos, olhares distantes, obnubilados. Agrupam-se ao reder do Santo Cruzeiro, acocoram-se, aguardam o desenrolar do comércio. Ao perceberem os romeiros no afã de prepararem mochilas e embornais, arriscam olhares indagadores. Outros mais ousados, cuja timidez é suplantada por uma curiosidade desmesuradamente infantil, aproximam-se dos peregrinos. Desejam encetar conversa. Também são devotos e vão esporadicamente a Juazeiro; também iguais a eles são admiradores de Padre Cícero, apesar de Crato se encontrar do lado oposto do sacerdote. Fazem perguntas, mas os peregrinos são sucintos, pouquíssimos dados fornecem.

De repente, quatro cavaleiros brecam suas montarias entre o coreto e o Santo Cruzeiro, que é a área de maior concentração de feirantes. Um dos cavaleiros agita um papel, desce do cavalo e galga a base de cimento do Santo Cruzeiro. Trata-se de um agente graduado da polícia local, isso é facilmente deduzível por se encontrar fardado e acompanhado por três indivíduos com rifles a tiracolo. Grita por atenção:

– Olhem!... Sou o chefe de polícia do Crato e vou ler um documento para os senhores! Trata-se de um despacho recebido do povo de Redenção, melhor dizendo, de uma chefatura de polícia da cidade de Redenção. Eles andam atrás de um criminoso. Para quem não sabe, Redenção é uma cidade já nas proximidades de Fortaleza. Vou ler, estão pedindo nossa ajuda para a captura de um pistoleiro! A novidade é que qualquer um dos senhores terá licença para nos ajudar a prendê-lo...

Por aqueles meses, a presença de pistoleiros pelas estradas do Cariri e até pelas ruas do Crato já não era mais um acontecimento incomum. Porém, estarem expondo o fugitivo à sanha dos populares antes mesmo de ele ser oficialmente julgado era ato próprio daquelas épocas sem regras. A vida valia pouco por aqueles dias não só na região do Cariri, mas em todo o território cearense.

Militão Vidigal, pois era dele que tratava o despacho policial, puxa automaticamente o chapéu sobre os olhos. É homem fleumático. Esconde-se com facilidade, pois conseguira desenvolver um mimetismo que incorporara à autodefesa e aos reflexos adquiridos mercê de grandes pressões dos soldados... Porém, a voz do chefe de polícia ecoa forte reclamando outra vez a atenção dos feirantes.

– Atenção... Vou repetir o texto do documento para ninguém fazer confusão ou tolice. Aqui diz: "Trata-se de um quilombola ardiloso. Notório no manejo do fuzil, um trânsfuga de características negroides que atende, se não adotou outro vulgo, pelo nome de Negro Militão ou Militão Vidigal."

Balança a cabeça. A maneira oficial, rebuscada, cheia de expressões passadistas, deixa-o visivelmente infeliz. Dobra o papel, ajeita-o em um dos bolsos e com suas próprias palavras tenta fechar o discurso:

– Então é isso... Trata-se de um negro cheio de manhas. Qualquer um dos senhores terá licença para prendê-lo, embora a obrigação de quem o capturar seja, obviamente, entregar vivo em nossas mãos, para que possamos enviá-lo à sua cidade natal.

Concluída a leitura do documento, o chefe do piquete desce da base do Santo Cruzeiro e monta no cavalo que era contido por um de seus ajudantes. Emparelham as montarias e partem. Em segundos, os sertanejos esquecem a intervenção policial e a feira volta a se movimentar com seus pregões divertidos. Os viajantes de Pacatuba, com suas roupas e chapéus visivelmente castigados pela poeira, despertam outra vez a curiosidade dos transeuntes.

UM CEGO CANTADOR

Enquanto a feira se reinicia, Filisteu Amaral é informado da existência de um cata-vento nas proximidades da praça. Será Filisteu, o sobrinho mais velho do senhor Zeferino, que irá suprir de água as cabaças. Quando volta e o grupo ensaia os primeiros passos para deixar a cidade, a chegada de um rabequista desperta a curiosidade dos transeuntes. Trata-se de um cego, um cantador, figura conhecidíssima em toda a região do Cariri, que mora e exerce sua função em Juazeiro do Padre Cícero. Logo é rodeado e efusivamente cumprimentado. Mais uma vez os cinco peregrinos se veem em segundo plano, eles que instantes atrás eram a principal atração.

Auxiliado por um jovem casal, o ceguinho abre passagem com sacrifício, pois é a todo o momento requisitado. Alguns apenas gritam seu nome, outros tentam barrá-lo para um diálogo mais pessoal, como é o caso de um caboclo de pele queimada de sol, cicatriz no queixo, que transita na feira com foice e enxada às costas.

– Ceguinho, o senhor por aqui?! Louvado seja Nosso Senhor Jesus Cristo, meu cego!...

– Para sempre seja louvado... Mas quem é?...

Aí, algo desencadeia a língua do sertanejo. Talvez fosse a necessidade de conversar ou por ter pressentido a possibilidade de sair daquela condição de eterno invisível.

– Sou eu, meu ceguinho, João Arcanjo... Não me reconheceu pela voz? Vejo sempre o senhor em Juazeiro, em frente à igreja de Nossa Senhora das Dores. Aonde viajo faço questão de falar bem do senhor e de sua cantoria. Andou sumido, seu Celibato?... Como andam as coisas em Juazeiro? E como andam os mais próximos? E a saúde do senhor?

– Indo, seu João... Vou indo... Vou bolando pelo mundo até que Deus tenha dó e me leve...

Precisava ir. Pede licença. Como o homem insiste, o cantador explica o motivo de não poder lhe dar a devida atenção no momento: cansaço, dissera-lhe, havia deixado Juazeiro de madrugadinha e também por querer encontrar ali um lugar adequado onde pudesse se encostar para ganhar "seus derréis". Mas João Arcanjo só quer enaltecer o ceguinho e prolongar a conversa:

– É mesmo, está chegando de Juazeiro? Então até logo, seu Celibato... Viu... Quando avistei o senhor, eu disse: ô beleza, hoje nós vamos ter cantoria!... Veio cantar mesmo ou veio em obrigação de visita?...

José Celibato era famoso na arte do improviso. Procurava as feiras, as praças de maiores movimentos, umbrais de igrejas; tudo inventava, pensava mil estratégias, somente para ganhar "seus tostões". Para seu imenso desgosto, confundiam-no muitas vezes com *esmoler*[11]. Isso o martirizava, pois, apesar de cego, jamais se curvara ao chamado da mendicância. Era obediente às palavras do pai que lhe dissera quando lhe passara a rabeca:

"Filho... Agora ela é sua. É o único cabedal de valor da família. Faça bom uso dela. Nunca peça esmolas. Mendigar é entrar numa masmorra escura de onde não se divisa saída. Ao invés de pedir esmolas se valha da cantoria."

Os feirantes o cercam. "Como vai o *sinhô*, seu Celibato?" Os cumprimentos continuam, vinham de pessoas de diversos matizes. Mesmo cego, consegue se desvencilhar, porém um deles é mais persistente. Desta vez é um sertanejo de feições emurchecidas, cuja figura macérrima é testemunha eloquente das grandes privações que estavam sofrendo os cearenses sob o regime de Franco Rabelo. Também leva enxada e foice ao ombro e um saco com mantimentos, talvez dois ou três quilos de farinha. Ao abordar o ceguinho, sua necessidade de se mostrar não tão pobre e não tão miserável é curiosa e ao mesmo tempo comovedora.

---

11 Aquele que dá esmolas. Mas, fugindo do sentido original, é utilizado em algumas regiões do nordeste brasileiro como aquele que pratica a mendicância. O termo será empregado por todo o texto seguindo a prática nordestina.

– Ceguinho?!... O senhor por aqui?... Oh, meu Deus, há quanto tempo, como vai o senhor, *seu* Celibato?!...

Bate nas costas do cantador e continua:

– Papai fala muito no senhor e toda minha família também. Um dia desses vá à nossa casa. Teremos o maior prazer em almoçar com o senhor. Vá conhecer meus roçados... Mas vá mesmo! No dia em que o senhor aparecer lá em casa, com certeza, papai vai mandar matar um carneiro.

É comovedor o apreço do jovem sertanejo, no entanto, familiaridade ostentada em demasia deixa o ceguinho sem jeito.

OS NAMORADOS VADIM E GRANDINHA

Guiam o cantador dois adolescentes, um rapazinho e uma garota e ambos aparentemente não têm mais que quinze anos de idade. O rapaz é seu ajudante, seu guia, leva o nome de Vadim, talvez diminutivo carinhoso vazado de onomástica eslava. A garota, que atende por Grandinha, sem sombra de dúvidas também apelido – talvez até para contrastar com sua compleição miudinha –, é apenas acompanhante. Na verdade, Grandinha era corruptela de Englandine, como Vadim viera de

Vladimir. Os nordestinos sempre gostaram de nomes oriundos de culturas estrangeiras, mesmo que no dia a dia tivessem que os submeter à limitação da pronúncia.

São eles, Vadim e Grandinha, que guiam o ceguinho para um patamar de cimento, uma espécie de tablado, situado no átrio principal da igreja. É lá, ao lado do Santo Cruzeiro, que o velho fará cantoria. Instalam-se. Encontram-se, de repente, no centro da roda de populares. O cego acocora-se, ajeita aos pés a bacia que usará para coletar os "agrados" e prepara-se para a afinação do instrumento. Leva-o bem próximo ao ouvido e para medir melhor suas dissonâncias fere o bordão com a unha do polegar. É táctil, um ágil prestidigitador, competente até mesmo na arte de afinar a rabeca.

A expectativa é boa. Posiciona o instrumento, fere as cordas, cujos sons tomam as ruas e todos os quadrantes da praça. Como num passe de mágica, rostos sisudos se descontraem e afazeres são deixados de lado. Os pregões vão se arrefecendo, dando lugar a um tipo novo de melodia. Há certa euforia entre os transeuntes. O autor dessa transformação é José Celibato, o ceguinho Celibato, rabequista e cantador. Havia se estabelecido em Juazeiro do Padre Cícero nos idos de 1890, ano da "seca do noventinha", atraído para a região depois do primeiro milagre. Tornara-se naquele ano a figura mais procurada e celebrada pelos moradores e peregrinos que depois da transubstanciação da hóstia circulavam em frente à igreja matriz de Nossa Senhora das Dores. Agora, no ano de 1913, seu nome já ultrapassa os limites do Cariri. Raro vem ao Crato, quando o faz a praça se movimenta. A arte que apresenta é facilmente assimilada, razão por que naquela feira dezenas de sertanejos fazem roda e se acocoram esperando seus improvisos.

Os romeiros de Pacatuba, que se encontravam de partida para Juazeiro, voltam-se ao ouvir os versos do cantador. Como todo o nordestino, eles amam demais a arte da cantoria. Baixam outra vez ao solo mochilas e embornais. Não prejudicaria a viagem se a adiassem por alguns minutos apenas, dissera o senhor Barjonas que era o mais animado em prestigiar o ceguinho.

Por ter surgido junto a mendigos e retirantes, gente arribada, perdida em um perpétuo peregrinar pelo mundo, o título de esmoler enroscara-se em sua pessoa como um selo pernicioso. Sofrera mil necessidades, porém, por mais miserável que tivesse transcorrido sua existência, nunca pensara em se entregar à prática da mendicância. *Esmoler*? Não! Não merecia. Tal título o maculava. Para tentar se livrar desse anátema é que intercalava entre suas toadas a seguinte "astúcia"[12], que usava para atrair a atenção dos ouvintes:

12 Versos usados por pedintes do Nordeste brasileiro para chamar atenção.

Valei-me *Nossa'sinhora*
Mãe de Deus e virgem pia
Quem é da Terra não morre
Quem é do Céu não se cria
Por ser cego de nascença
Nunca vi a luz do dia...

Inda qu'eu ande nas trevas
Me *potregendo* em um guia
Por vales, rios e becos
Sem nunca ter alegria
Não roubo, nem peço esmolas.
Eu ganho é por cantoria.

O certo é que, depois que chegara a Juazeiro, sua cantilena hipnótica e prazerosamente regionalista e a riqueza do repertório somada à sua figura agreste de menestrel encantado se constituiriam em atração permanente no largo da igreja matriz. O próprio Padre Cícero jamais deixava de lhe dispensar atenção. Ouvia-o e era pródigo em elogios. Talvez isso tenha concorrido para que sua fama de cantador virtuoso fosse atravessando os sertões, chegando a ultrapassar naquele ano de 1913 os limites do Cariri.

Guiado nos últimos dias por Vadim, um menino ativo, saltitante como um pintassilgo, sua figura se tornaria inesquecível em muitos municípios do sul cearense. Até falecer em 1930, seria o rabequista mais procurado e o mais criativo que animava o átrio da igreja matriz de Nossa Senhora das Dores.

Naquela madrugada, com sua chegada ao largo da igreja do Crato, os feirantes entram em um ritmo menos acelerado e os cratenses não se furtam em lhe demonstrar afeição. Estima-se que sua idade esteja por volta dos oitenta anos, porém seu corpo é firme, seus gestos denunciam um espírito vivaz e seu raciocínio é ligeiro. Ali, são vistos – além dos feirantes e de visitantes pertencentes a outros municípios do Cariri – agricultores agoniados à procura do que fazer, devido à falta de trabalho em consequência da seca que grassava por todo o grande sertão cearense. O cego tempera a garganta e ensaia as primeiras "astúcias". De repente, sorrisos suavizam rostos embrutecidos e a vida parece se tornar menos preocupante e austera. De pé, o dorso retorcido, melenas longas – o que restaram delas, pois ele era o que os sertanejos chamavam de calvo de rodilha –, parece emergido das brumas de um esfarrapado teatro brincante. É subdialetal, utiliza-se de corruptelas, mas tudo na justa medida. Sob os olhos cuidadosos de Vadim e Grandinha, e sob os olhares curiosos de centenas de sertanejos, o ceguinho espalha suas toadas no ar.

Eu peço a *vossasmecês*[13]
E a todos que *apriciam*
Der'na idade de um mês
Que não vejo a luz do dia
Homem menino e *mulé*
Me paguem como *pudé*
Potrejam minha *vasia*.

Aplaudem-no. Riem. A vasilha do cantador recebe as primeiras moedas, sinal manifesto do êxito provável que deverá conseguir naquela manhã dadivosa. Sertanejos das Forças de Franco Rabelo e admiradores de Padre Cícero misturam-se e esquecem a realidade bruta da guerra. Encontram-se milagrosamente irmanados. Todos ovacionam o ceguinho. Celibato se esmera na medida em que vão se acumulando os "dobrões". Sobre o tablado, homem e instrumento se fundem, formam uma configuração única. É uma cena que está em

13 Versos de Pedro Oliveira, o ***Cego Oliveira****, de Juazeiro, orgulhoso afilhado de Padre Cícero. Cego Oliveira veio a público no documentário "Nordeste: Cordel, Repente e Canção" de* ***Tânia Quaresma*** *e, anos depois, consagrado pelo trabalho do cineasta Rosemberg Cariry no filme "Cego Oliveira – Rabeca & Cantoria". As corruptelas foram aqui conservadas, conforme cantava Cego Oliveira.*

completa concordância com a singularidade dos ambientes rudes dos sertões caririenses. Seu dorso retorcido, protegido por rala vestimenta, cujos andrajos cobrem apenas algumas partes do corpo, é um memorial ao cantador nordestino; é um monumento vivo aos rabequistas catingueiros. Uma estátua nascida da concepção de Rodin[14] não poderia representá-los melhor.

Ceguinho Celibato, rabequista e cantador.
(*Alegoria criada por* **Valkman Gouveia**).

14 ***Rene-François-Auguste Rodin***, *famoso escultor francês do século XIX, admirado por obras tais como "o pensador", "o beijo", "A porta do inferno" e "o busto de Victor Hugo". Esta última uma das mais polêmicas do artista.*

As toadas continuam. Os peregrinos de Pacatuba entregam-se àqueles raros momentos de diversão. Deixam-se levar pela força do carisma e criatividade do cego. Amam demais a arte dos cantadores. Causa admiração, principalmente a Barjonas, a engenharia verbal do ceguinho, o jeito natural e descomplicado de glosar motes e construir improvisos.

Crato sempre se mostrara um entreposto importante para as romarias que se direcionavam a Juazeiro de Padre Cícero. Entretanto, nos últimos dias, o número de transeuntes ultrapassa em muito as estimativas habituais. Também estão acantonados nas imediações da cidade, aguardando ordens para marchar sobre Juazeiro, centenas de combatentes rabelistas. Naquela manhã, sertanejos e soldados chegam a todo o momento na feira. Passeiam entre os vendedores, transitam meio alheados, acocoram-se, procuram encetar conversa. Há rostos de todos os tipos, almas generosas e personalidades bem truculentas. Mas, ao avistarem a roda de curiosos e ouvirem os ponteios do cantador seus humores se modificam.

A bacia se derreia. Em seu bojo, vão rodopiando as moedas lançadas por uma assistência momentaneamente feliz. Sob os olhares dos populares, o ceguinho suspende mais uma vez o arco no ar. A expectativa é geral. Risos rasgam rostos, cujas faces emurchecidas e esculpidas pela fome são alumiadas pelos albores daquele começo de dia. Vadim e Grandinha estão a postos. Apesar de jovens, ambos já haviam experimentado doses excessivas de sofrimento. Tinham perdido prematuramente os pais e por serem filhos das arribações haviam herdado a miséria. Por lar, as ruas de Juazeiro. Cresceram sofrendo preconceito por pertencerem à classe menos favorecida e mais humilde de toda a cidade, a casta dos pedintes, dos meninos-guias, dos que não tinham uma ocupação definida na vida.

A CANTORIA CONTINUA

Aquela viagem ao Crato coroava dois anos de um aconchego quase diário entre Vadim e Grandinha. Haviam deixado Juazeiro nas primeiras horas da madrugada. Ao se depararem naquela feira com a recepção amorosa preparada pelos cratenses, sentiram-se honrados e envaidecidos. Tornaram-se testemunhas de quanto o povo do Crato estimava e respeitava o ceguinho. Depois de breve pausa, Zé Celibato continua. Sua voz mais uma vez reverbera nos alpendres das casas coloniais que aos pouco vão abrindo suas portas para um novo começo de dia. Um vaqueiro, o velho Agamenão de Jesus, adianta-se e diz:

–'*Brigado*, meu cego... Crato, hoje, vai se alegrar é muito. Nessas redondezas não há quem não goste do *sinhô* e das qualidades do *sinhô*...!

Lança alguns *derréis* que rodopiam na vasilha do rabequista e o barulho do latão é um convite a outros corações generosos. Sempre foi assim. Aproximam-se tímidos, "olha aí, ceguinho, *doistões*"... Encoraja-se outro, saca de um lenço onde carrega amarradas suas parcas moedas nodosas, e na vasilha vão se acumulando os "dobrões". O vaqueiro que jogou os *derréis*, o velho Agamenão de Jesus, espera a reação do repentista que ágil logo se apropria do tema. Então, o improviso nasce certeiro, imediato, persuasivo:

Este aqui já me pagou
Outros me faltam pagar
Se forem *apriciador*
Não tenham pena de dar
Não é luxo, meus amiguinhos,
Quem lhes pede é um ceguinho
Que não pode trabalhar.

A seguir, a despeito de não desconhecer a animosidade crescente das autoridades do Crato com relação a Juazeiro, Celibato dedica um mote àquele que está sendo responsável pelas grandes alegrias dos pobres do Cariri.

O homem que grita e chora
O pobre lamuriento
Padrinho *Ciço* consola,
Pras feridas dá unguento
Cura a fome, dá esmolas,
Dá fé dos que vêm de fora
Socorre o povo sedento...

MILITÃO TORNA-SE O SEXTO PEREGRINO DA ROMARIA DE PACATUBA

Militão encontra-se boquiaberto. A agilidade mental e virtuose do cantador eram coisas que não tivera oportunidade de vivenciar no passado. Os últimos versos convencem-no definitivamente a buscar proteção nas terras de Padre Cícero. Sua ideia inicial de ir a Juazeiro era uma luz tênue que aos poucos vai se convertendo em farol. A premência em afastar-se do Crato tornara-se maior depois do despacho policial ouvido quando se misturara à massa de sertanejos.

O rodapé dos céus na direção do município de Missão Velha começa a se tingir de vermelho. Vadim e Grandinha sorriem à toa. A cantoria para eles está sendo prazerosa. Até conseguem esquecer o desespero vivenciado nos últimos meses em Juazeiro. A guerra não havia dado tréguas e Franco Rabelo apostava cada vez mais na derrocada de Padre Cícero.

Grandinha estava particularmente agradecida. O ceguinho chegara às suas vidas numa hora especial. Inigualável fora a dádiva de ter ele escolhido Vadim como seu menino-guia. Prazeroso era caminhar ao seu lado, tê-lo como próximo, tê-lo no aconchego e poder compartilhar de sua arte. Terem-no numa relação de quase avô e netos era um bem reservado a pouquíssimos. Em cantorias assim é que sentiam o imenso privilégio de acompanhá-lo, servi-lo e poder testemunhar seu triunfo.

A romaria que se preparava para partir, havia se detido pelos primeiros versos do cantador. Aquele adiamento fora uma concessão especial feita pelo organizador da peregrinação, o senhor Barjonas Moreira Regina que amava demais a arte da cantoria. Agora levantariam acampamento com seus corações renovados. Haviam merecido essa pausa, principalmente porque purgavam ainda amargos traumas por terem vivido sob o jugo de um coronel sem escrúpulos. Enquanto os versos de Zé Celibato vão se espalhando na praça, o porta-voz apressa seus peregrinos:

– Vamos, minha gente! Deixemos esse cego com seus improvisos. O pouco que ouvimos já deu para robustecer nossas almas! Vamos embora! Que não se dispersem nossas cabeças: a meta mesmo é ajudar Juazeiro. Aqui a vida é pura alegria, mas lá em Juazeiro o povo sofre acuado!

Manchas de luz já se levantam por trás do horizonte do Crato. Percebem que daria para aproveitar o tempo ameno daquela morna manhã de outubro. Arrumam os chapéus, Zeferino, que foi escolhido para levar o oratório ajeita-o ao ombro, porém, quando vão dar os primeiros passos em direção à estrada, um estranho se adianta interrompendo a partida. Só o futuro lhes diria, mas aquele desconhecido que se dirigia a Barjonas seria o mesmo que dias depois os lideraria nas várias batalhas para defender Juazeiro. Seria aquele que dias depois iria vingá-los por todas as maldades sofridas sob o jugo de Negromonte.

Trata-se de Militão Vidigal. Procura o líder do grupo, dizendo-se desejoso de lhe fazer um pedido. No entanto, frente ao porta-voz não lhe aperta a mão, não lhe declina o nome, é canhestro no trato, pífio mesmo na arte dos cumprimentos. Furta-se, enfim, de qualquer gesto nobre, pois como pistoleiro havia se habituado a uma vida sem etiquetas, autossuficiente, direta e simplificada. Sustenta o olhar, é direto ao pedir, no entanto, não consegue ser sucinto. Há algo na personalidade do velho pacatubense que parece induzi-lo a falar como jamais tinha ousado. Para seu próprio espanto, pela primeira vez nos últimos anos consegue se comunicar com clareza:

– Bem... O que eu quero é chegar às terras de Padre Cícero. Preciso de companhia. É somente até a entrada de Juazeiro. Mas já vou sendo sincero com a romaria do senhor: sou um homem sem assuntos e às esquerdas de tudo quanto o senhor já presenciou neste mundo... Vou atrás de Padre Cícero, mas não me move fé, não me move Deus e muito menos religião.

Apesar de ter se munido de excessivos cuidados, consciente de sua falta de tato, é seco ao falar, abrupto mesmo. Seu intuito era misturar-se aos viajantes na intenção de confundir possíveis piquetes armados. A pressão que estavam a exercer as autoridades policiais em todas as cidades por onde passara era concreta demais, não se tratava de paranóia. Sabia que por aqueles sertões até criminosos empedernidos respeitavam peregrinos. Romarias eram intocáveis, eram consideradas sagradas. Barjonas o olha, conversa com os companheiros, sussurra a Zeferino "é só mais um viajante que se soma ao nosso grupo. Juntos, venceremos até melhor o restante da caminhada". Voltando-se para o desconhecido, mostra-se receptivo:

– Entendi. Avemaria... Se agrupe. Façamos companhia um ao outro. Estamos quase com os dois pés na estrada. Quanto mais gente, mais se pode quebrar a solidão dos caminhos.

Militão tornara-se desse modo o sexto peregrino de uma romaria insuspeita, cujos componentes, apesar de serem religiosos, eram movidos por um propósito encoberto: juntar-se a outros devotos para auxiliar na guerra de Padre Cícero. Por seu lado, pouco ou nada sabia Militão dos ataques de Franco Rabelo. Vinha de um mundo degradante onde as consequências da vida haviam-no transformado em um homem indiferente a qualquer sentimento de empatia ou amor. Era o oposto do que fora na meninice, tornara-se um ser insociável, apático, vazio de ilusões e excessivamente calado.

O PAVÃO DE CONSTANTINOPLA

Então, sem alardes, sem maiores inquirições, o senhor Barjonas deixa de lado o novo companheiro de estradas e pede aos conterrâneos que deem início à jornada. A intenção do grupo é chegar a Juazeiro antes dos grandes mormaços do dia.

Vão deixando para trás o burburinho da feira. Na curva, ainda se voltam e olham em direção à igreja. Havia algo de intangível, de melancólico mesmo na figura do velho rabequista e nas toadas que ele cantava. Vão deixando de ouvi-lo na medida em que vão ganhando distância. Estão tocados ainda por sentimentos mágicos e indefinidos. Mas a estrada em direção a Juazeiro abre-se convidativa. Pelos aceiros e sobre as barreiras, os beiradeiros que presenciam a passagem da romaria acenam para seus componentes. Fora assim desde que saíram de Pacatuba, aqueles que iam ficando davam adeuses e, com salutar inveja, pediam:

"Deem lembranças ao meu padrinho, meus bons peregrinos, já que não temos recursos de ir... Abraços à nossa beata Mocinha! Boa viagem e que Deus e Nossa Senhora das Candeias abençoem os 'sinhores'!"

Sem o saberem, aqueles beiradeiros repetiam cenas acontecidas em um passado distante, no mundo cristão da Idade Média, quando peregrinos ocidentais passavam na frente dos vilarejos com destino a Jerusalém e os aldeões acenavam e suspiravam entristecidos dizendo "*ah se pudéssemos ir nessa aventura sagrada!*" e recomendavam "*boa viagem, meus bons terras-santas, beijem por nós o chão aonde caminhou Jesus Cristo.*"

A romaria prossegue. O compasso é o mesmo: concorde e uniforme. Distanciam-se cada vez mais das toadas do rabequista, mas havia ainda resquícios melódicos no ar, sons que se esgarçavam compassadamente, apagados pelos ventos que desciam em correntes ligeiras lá dos territórios do sul. A melancolia inoculada pela voz do cantador vai perdendo seu efeito na proporção em que vão vencendo as distâncias. Aos poucos, vão se entregando ao bom humor, à morrinha da alvorada, aos assuntos mais comezinhos. Logo estarão intercalando conversas triviais com tiradas interessantes e intervalando entre uma reza e outra o bendito "Oh, Mãe de Deus Compassiva" e outras ladainhas em homenagem a Nossa Senhora das Dores. Aos olhos crentes, tratava-se mesmo de uma romaria – autêntica e compenetrada – que se dirigia à Juazeiro do Padre Cícero.

Os céus do Crato começam a trocar seu azul-translúcido pelo vermelho-alaranjado sem alerde, com aquela brandura aparente de tudo o que se passa no universo insondável de Deus. A manhã do Cariri agora sem as toadas de José Celibato é pura atemporalidade, só desmanchada quando os passarinhos diurnos começam a ensaiar seus primeiros movimentos nos galhos dos marmeleiros. As retardatárias estrelas cadentes riscam listras temporárias no céu. Os olhos dos peregrinos vão se acostumando com os primeiros clarões no nascente. Eles caminham, conversam. Vão deixando nos trechos finais do município do Crato um rastro de cânticos e ladainhas.

O senhor Barjonas é competente ao cuidar da viagem. Procura variar os assuntos. Acredita ser de sua responsabilidade não deixar a mesmice tomar conta de seus companheiros. Menciona a Estrela D'alva que ali nos sertões também é conhecida por Estrela Errantina ou Estrela do pastor:

– Diz que a Estrela D'alva de Belém, *seu* Zeferino, em certas madrugadas de muito calor, sai de sua morada lá nos desertos do Oriente e aparece nas terras do Ceará...

Olha de esguelha, meio disfarçado, se o velho acompanhante está se importando com o assunto que tentava introduzir. Vendo não só Zeferino, mas os demais extremamente interessados, ele abusa de seu estilo:

– Para a visita dessa Santa Estrela ao nosso ressequido torrão cearense, compadre Zeferino, mamãe tinha uma explicação muito bonita... Ela dizia que é porque as terras ressequidas do Ceará se parecem muito com as de Belém, onde nasceu Jesus Cristo... Sei que era brincadeira de mamãe, porque mamãe era uma mulher muito bem-humorada... Mas a Estrela D'alva de Belém, segundo mamãe, tinha um motivo muito justo para se confundir em sua jornada. Era que nesta terra ressequida, neste nosso Ceará carbonizado, vivem sertanejos muito parecidos com os Três *Magros* do Oriente. Embora não tenham nem ouro, nem incenso e nem mirra, dedicam suas vidas a Nosso Senhor Jesus Cristo...

Riem. A expressão "Nosso Senhor Jesus Cristo" valia como um mantra. Tinha o dom de transportá-los para uma dimensão maior, onde não mais seriam atingidos por fome, injustiça e abandono tão constantes em nosso mundo real. Rindo, proseando e rezando, "tocam a romaria pra frente".

Fim do município do Crato. Trecho da estrada já dentro do território de Juazeiro. Olhando o sol e a medir por sua altura no céu, são oito horas da manhã. Findavam-se os últimos instantes de temperatura amena, tem início o grande mormaço do dia.

De Pacatuba ao Crato o percurso foi bastante dificultoso, principalmente porque estamos falando de viajantes a pé e numa época cheia de percalços e incertezas, dado os constantes entreveros entre os seguidores de Padre Cícero e os soldados de Franco Rabelo. Por aqueles dias, o terror das estradas eram os grupos denominados "Lenços Encarnados", militantes a serviço dos rabelistas. O que caracterizava seus componentes eram os lenços vermelhos que levavam amarrados ao pescoço. O primeiro piquete havia sido criado em Maranguape, cidade nas proximidades de Fortaleza. Logo, grupos similares foram aparecendo e notório por sua crueldade foi aquele criado em Pacatuba: "Os Lenços Encarnados do coronel Negromonte do Nascimento." O que impulsionou a peregrinação liderada pelo senhor Barjonas, além da ajuda aos juazeirenses, fora por não terem condições de lutar em Pacatuba contra as injustiças do coronel. Não que ignorassem ser uma empreitada quixotesca, mas acreditavam que se Floro Bartolomeu conseguisse derrubar Franco Rabelo da presidência estadual, o poder do coronel Negromonte em Pacatuba consequentemente seria diminuído.

O PAVÃO E A VERA CRUZ DE SANTA HELENA

A caminhada prossegue. O sol vai se levantando num ritmo acelerado. Ao se aproximar do zênite, os peregrinos começam a sentir as primeiras consequências no corpo. Os olhos se avermelham e a visão se turva. O efeito são desenhos que veem à frente, configurações formadas por bolhas transparentes que tremeluzem no ar.

– Hein, *seu Zequiel*... O senhor... e o senhor também *seu* Zeferino, e os demais também... Os senhores já ouviram falar na história de Santa Helena e no pavão que voou sobre o madeiro da cruz que crucificou Jesus Cristo?...

Quando as estradas se alongavam ou a falta de água se tornava um tormento excruciante, o senhor Barjonas sempre aparecia com algo para amenizar o estresse. Daquela vez, começara a narrar um fato de um passado distante, história de um período romântico da cristandade.

– Hein... Os senhores já ouviram falar de Santa Helena? E de como Santa Helena encontrou o braço da cruz que crucificou Jesus Cristo?... O que foi chamado de Vera Cruz de Santa Helena?... E de como o pavão do Rei Constantino ajudou a provar a autenticidade do braço da cruz que sua mãe tinha encontrado na Palestina?...

Enquanto caminham, o senhor Barjonas conta a história de Helena de Constantinopla, de como ela achou a relíquia mais preciosa da cristandade: o braço da cruz do sacrifício cristão.

Que Helena fora uma "grande católica", mãe de Constantino, imperador de Bizâncio, e que um dia partira em peregrinação a Jerusalém no propósito de visitar as terras onde viveu Jesus Cristo.

Um dia, após visitar alguns outeiros, na volta de Cafarnaum, ao passar pela região onde se localizava o Jardim das Oliveiras, Helena sente necessidade de se abrigar do mormaço. Seu séquito é convidado a entrar em uma casa que posteriormente ficariam sabendo pertencer a um descendente de José de Arimateia, que fora amigo de Jesus Cristo.

Quando Helena se despede, o dono da pousada, obedecendo aos hábitos culturais de sua aldeia, presenteia-lhe com uma peça de madeira que diz ser o braço da cruz que havia amparado o Messias. Dissera que fora um presente oferecido por um centurião romano ao seu predecessor, José de Arimateia, uma semana após os acontecimentos do Gólgota. Helena se emociona. Impressionada com o presente, convicta de sua proveniência, reúne seu séquito e volta imediatamente a Constantinopla. No castelo, o imperador Constantino e seus sete sábios – conselheiros que eram chamados de anciões proeminentes da corte – reúnem-se para conferir a autenticidade do madeiro. Analisam o caibro que o tempo carcomera e chegam à conclusão que Helena em sua inocência havia sido ludibriada. Ela não se convence. Conclama o filho, os sábios e toda a nobreza do império bizantino para uma reunião, onde pretende demonstrar a autenticidade do "santo braço da cruz".

No dia programado, todos comparecem ao salão imperial e sobre a Ara Santa, um majestoso altar construído em ouro e mármore que era o orgulho de Bizâncio, Helena expõe o madeiro. Em meio a um grande silêncio, ela se ajoelha e pede a Deus um sinal. Aos olhos incrédulos dos sete sábios, de Constantino e dos súditos ali presentes, o lenho começa a vivificar. Então, frente à assombrada assistência, um broto é visto nascer e dele desabrochar uma rosa, o mais belo espécime que a botânica poderia ter concebido. E, para tornar inesquecível a já tão extraordinária epifania, de súbito, aparece um pavão caminhando na direção do altar. Tratava-se de uma ave ornamental pertencente ao imperador Constantino.

Em dado momento, o pavão alça voo e como um beija-flor de soberba envergadura fica adejando sobre a rosa, cuja fragrância começa a se espalhar por todos os aposentos reais. Nessa hora, hosanas são ouvidos vindos dos céus de Constantinopla. Uma exclamação de estupor percorre a multidão, alcançando os sete sábios que, um após outro, vão dobrando seus joelhos para uma genuflexão à relíquia. Constantino está perplexo. O grande imperador, depositário da tradição romano-bizantina, inclina-se sobre o madeiro e chora.

O pavão adeja sobre a rosa. (Ilustração: **Valkman Gouveia**)

Assim que se espalha a notícia, representantes dos reinos mais distantes e poderosos da Europa organizam caravanas para visitar Constantinopla. Querem render preitos à mãe do imperador e contemplar a relíquia que nos anos posteriores ficaria conhecida como Vera Cruz de Santa Helena e se converteria no memorial mais importante da cristandade.

DESCORTINA-SE JUAZEIRO

Essa fora a história do achado de "Santa Helena" na concepção do experiente chefe da romaria. Os viajantes estão pensativos. O relato mexe com sua imaginação, exige-lhes reflexão. Coincide o término da narrativa com a visão que se descortina das primeiras casas de Juazeiro. Eis a "Jerusalém" sertaneja! Como aquele cenário emociona os pacatubenses! A torre da igreja de Nossa Senhora das Dores aponta para o alto com sua lança imantada parecendo querer tocar um céu que sugere se encontrar muito mais próximo dos homens. Como que transportados, ensaiam um "oh!" em uníssono. Estão no trecho final, talvez no último quilômetro que os separa do átrio da igreja matriz e da casa de Padre Cícero. Não se detêm. Caminham e olham ao longe a torre do sino, severamente encandeados com o brilho do sol a se refletir nas paredes. Com a intenção de aplacar aqueles corações ansiosos, Filisteu dirige-se a Ezequiel. Não gostava de caminhar em silêncio. Aprendera a apreciar a cadência dos debates ao se misturar ao compasso de suas pisadas no barro.

– *Zequiel*, e adivinhação?... Destrinche esta antes que a gente chegue à casa de Padre *Ciço*... O que é o que é: "uma caixinha de bom parecer, não há caripina que possa fazer?"

– Coité?...

– Não, *Zequiel*!... Coité, não!

– Cabaça?...

– Não!

– Uma caixinha de bom parecer... Não será coco da praia?...

– Não!

– Não?...

– Não!

– Então, o que é, Filisteu, você que tirando seu Barjonas sabe mais dos fatos da vida que nós?

– Pandora[15]...

---

15 Mito da criação. Pandora foi a primeira mulher criada por Hefesto e Atenas, por ordem de Zeus, o deus dos deuses da Mitologia Grega. Zeus ordenara a criação de Pandora como parte de um castigo a Prometeu, um Titã que desafiara os Céus ao passar para o lado dos homens.

– Pandora?...

– Sim. Pandora.

– E o que é pandora? Pergunto porque sou muito curioso e tem muita coisa que desejo demais aprender...

– Bom, *Zequiel,* pandora... Se não embaralhei na cabeça, pandora era uma caixinha que uma santa carregava. A recomendação era que ela jamais abrisse. Mas como se tratava de uma mulher muito curiosa, desobedeceu, e de dentro da caixinha saiu a morte. Diz que até ali, poucas pessoas adoeciam... Na época, o homem chegava a viver novecentos...

– Novecentos anos?...

– Sim. Novecentos anos.

O velho Barjonas sorri. Acha o assunto interessante, e por querer mostrar sua larga experiência adquirida em anos e anos de caminhada, dá um jeitinho de ser o intermediador na questão:

– Novecentos anos?... É tempo demais, seu Filisteu, Ave-Maria. Novecentos anos!? Mas está certo o *sinhô*... Ouvi falar que uma vez tinha um homem chamado Matusalém que chegou a viver seus bons novecentos. Compadre Zeferino também ouviu falar nessa história?... O *sinhô* que é quase tão experiente quanto eu e sabe de cor e salteado como eram os homens que viviam no mundo de antigamente?...

ZEZÉ DA GALILEIA

O senhor Zeferino sabia sim da existência do bíblico Matusalém e o afirmou com orgulho. Mesmo dentro de seu restrito saber, dos personagens antigos ele era um apreciador curioso. Mas, seu contentamento maior era sentir-se parceiro majoritário e constante nos debates com o porta-voz.

A romaria continua. Todos trocam idéias, riem, isto é, os homens de Pacatuba, não o sexto peregrino. Militão Vidigal é calado. Os diálogos vão e voltam e ele jamais participa. Talvez nem seja para sustentar um princípio, mas por pura incompetência, por crassa falta de jeito. Tinha consciência que se tornara um homem sem assuntos e que vivia numa atalaia constante com tudo o que se passava ao redor. Não lastimava, entretanto. O silêncio e a cautela já o haviam livrado de inúmeras situações desastrosas.

Caminham numa passada monocórdia, de repente, encoraja-se o sexto peregrino. Dirige-se ao porta-voz. Queria contribuir com alguma coisa naquela viagem, queria fazer um gesto qualquer de agrado, algo que o fizesse não parecer tão grosseiro. Então pergunta se poderia transportar o oratório e ao ser atendido, ajeita-o em um dos ombros e no outro pendura o fuzil. Barjonas só pede cuidado. É orgulhoso demais de seu oratório. É nele que levam exposta a santa da devoção de seu padrinho, a imagem de Nossa Senhora das Dores e um tríptico de madeira, onde eram vistas em suas três sessões as figuras de Padre Cícero, do Sagrado Coração de Jesus e de Nossa Senhora das Candeias.

UM JAGUNÇO A SERVIÇO DE JUAZEIRO

Ainda comentavam a adivinhação de Filisteu quando a silhueta de um cavaleiro bruxuleia a uns cinquenta metros à frente. Silenciam. Isso eles o fazem abruptamente por força de um automatismo adquirido pelas estradas, posto que viajar através dos municípios cearenses por aqueles dias significava estar expostos a constantes e inimagináveis perigos.

Dava para ver que se tratava de um velho sertanejo na casa, talvez, dos setenta anos de idade. Deveria estar ligado à função de vaqueiro, a julgar pelo jeito de conduzir o cavalo e, principalmente, por uma pesada indumentária de couro. Chicoteia o animal, e o faz sem branduras. É a imagem do exagero. Como se não bastasse sua aparência exótica, exibe um fuzil, mas porta-o canhestramente, penso de um lado, artefato incômodo que experimenta levar ora de um lado ora de outro do corpo. Mas essa falta de familiaridade com a arma é tão somente aparência. Meses depois, ficaria patente sua pontaria perfeita, sua coragem e competência na arte de manobrar um fuzil. O porta-voz coloca mais uma vez sua mão em viseira na tentativa de analisá-lo com precisão. Percebera que vinha na direção do grupo como se tivesse a firme intenção de interceptá-lo. Usava entre outras indumentárias um enegrecido chapéu, igualmente trabalhado no couro. Prendia-o ao queixo um barbicacho em formato de trancelim, também proveniente de um provável curtume doméstico. Sobrolho fechado, ventas exageradas, exibia uma cabeleira afro-cafuza a assomar de um chapéu cuja aba quebrada na testa fazia-o pachola, folclórico e em certo sentido engraçado.

Aproxima-se. Logo o senhor Barjonas eleva a voz ensaiando um cumprimento amigável, estratégia aprendida ao longo de suas andanças. O sertanejo nem o olha. Indiferente aos cumprimentos, coloca-se na frente da romaria. Seu cavalo levanta as patas fazendo ameaçadores desenhos no ar:

– Um momento!...

Ele olha o grupo, constata que são seis, depois de contá-los, apontando-os com o dedo indicador, então os acalma:

– Não tenham medo... Sou um combatente de Juazeiro e quero somente fazer algumas perguntas para os sinhores.

Primeiro: são todos romeiros? Seis? E qual a natureza da romaria dos sinhores? Estou aqui, vendo se são pessoas de confiança. Juazeiro passa por dias de grande perigo.

É sem rodeios. Diz-lhes apenas chamar-se Zezé da Galileia. Mesmo achando estranho aquele interrogatório que chegava a invadir a intimidade de seus peregrinos, o porta-voz mantém uma tranquilidade exemplar. Na verdade, e logo seria esclarecido, Zezé da Galileia era somente um hiperativo e simplório ex-vaqueiro, sertanejo apaixonado pela causa de Padre Cícero. Rude, sincero e dolorosamente direto, era mais um daqueles personagens agrestes do sertão do Cariri que viera a Juazeiro para ajudar na luta contra os inimigos enviados de Fortaleza. Zezé da Galileia era somente mais um daqueles sofredores acostumados a travar batalhas inimagináveis contra as intempéries e os longos períodos de escassez, mas que era devoto de Padre Cícero e queria ajudar os juazeirenses naqueles dias de guerra.

O porta-voz diz chamar-se Barjonas, estende-lhe a mão. Cumprimentam-se. A chegada abrupta e a impulsividade do velho jagunço já tinham gerado tensão, isso é visível nas palavras do porta-voz:

– Mas, qual o motivo desta inquisição que, avemaria, parece mais embaixada de governantes?... Falo assim porque sou o porta-voz deste grupo, e todos merecem respeito... O povo enlouqueceu foi muito nos últimos dias, mas investigar peregrinos?... Não culpo o sinhô, atribuo aos exageros da guerra.

Zezé da Galileia convida-os para seguirem adiante. Ele lhes acompanharia. Enquanto caminham, responde:

– Concordo com suas palavras, é uma investigação somente devido a esses dias de guerra... Vou esclarecer tudo, porém vamos com calma... O sinhô disse que o nome do sinhô é Barjonas?...

Barjonas recita nome e sobrenome. Zezé continua:

– Dirigi ao sinhô, seu Barjonas, essas perguntas porque é meu dever perguntar, faz parte de minha função. Romaria nenhuma desce por estas estradas se eu não investigar seus devotos... É devido mesmo a esses dias de guerra. Estou a serviço da comissão que cuida da segurança de Padre Ciço. A área de minha atuação vai das divisas do Crato às primeiras casas de Juazeiro... Ouviram falar de Doutô Floro Bartolomeu?...

Pergunta, mas não dar tempo a que responda. Continua.

– Essa investigação que faço... É um encargo atribuído a mim pelos grandes da região que agora são encarregados de proteger tanto a cidade quanto a pessoa de meu padrinho... Mas fique sossegado. Se for aprovada sua romaria será muito bem recebida. Malquerença é sentimento ruim e está fora das regras criadas pelos comandantes de Juazeiro... Só desejo saber a procedência de seus peregrinos.

Barjonas se acalma. Diz-lhe que de fato são cinco romeiros, embora o total fosse seis depois da inclusão no Crato do sexto componente da leva. Defende-o como sendo um homem bom, silencioso, e que até ali se conduzira com muita nobreza. O velho jagunço olha fixamente para o sexto peregrino, estuda suas feições, suas reações e, mostrando um semblante bem menos preocupado, responde:

– Vou confiar no sinhô, seu Barjonas... Fiquei meio assim em virtude de vê-lo carregar armamento. Mas se é companheiro oficialmente aceito pelo sinhô...

Olha mais uma vez para o sexto peregrino, sorri, depois se volta para o senhor Barjonas e continua:

– Mas é bom que o sinhô saiba... Agora de manhã, chegou a Juazeiro uma informação do Crato de um pistoleiro, um negro, tipo jagunço, que pode estar se dirigindo a este bom município. É homem muito perigoso, segundo consta. Corri para sondar, vendo se evito o pior... Entenda esse nosso sobrosso. Depois do atentado contra a vida de meu padrinho, a cautela é nosso maior mandamento...

Atentado?! Todos ficam boquiabertos. Atentado contra a pessoa de Padre Cícero?! Essas palavras reboam por seus ouvidos com a força de mil trovões. É uma informação impactante. Jamais imaginariam que alguém tivesse coragem de ferir uma pessoa de Deus e, principalmente, tratando-se de

Padre Cícero. A grandeza negativa e dessacralizante de tal empreitada é de todo incompreensível, repercute enormemente entre almas de lógica tão retilínea. Essa notícia chegaria às cidades que se encontravam fora das jurisdições do Cariri somente alguns meses depois. Muitos tomariam como lenda, exagero do povo, mesmo assim seria algo que deixaria traumatizada a opinião popular. A verdade dos fatos só os devotos sabiam, aqueles mais próximos do sacerdote, aqueles mais diretamente atingidos pelos recentes acontecimentos em Juazeiro. Vão caminhando ao lado do velho jagunço. Discutem as notícias até que avistam o telhado de algumas casas nas proximidades do Horto. Então, mais uma vez, Zezé da Galileia dirige-se ao senhor Barjonas, pois a conversa dos cearenses é assim mesmo, haviam quebrado a barreira de um universo monossilábico e onomatopaico, no entanto, familiarizavam-se com outro mundo ainda mais rarefeito: o universo dos prolixos, dos repetitivos e grandiloquentes.

– Bem... Fico por aqui... Sua romaria foi aprovada. Desculpe eu ter retardado a viagem do sinhô. Eu só queria especular a presença do seu sexto aderente... Vou falar a verdade: sabemos tudo sobre esse homem, que praticou vários crimes no passado, que vem das bandas de Baturité e que seu nome é Militão Vidigal. Sabemos tudo isso porque temos espião nas estradas.

Dizendo isso, gira meia volta sobre a cela e grita para o sexto componente do grupo:

– E o sinhô, seu Militão... Repare: não carece mais se esconder ou se passar por romeiro. Aqui o sinhô está entre amigos. E aqui não é mais território do Crato. Não gostamos das autoridades do Crato e nem acatamos nenhum mandamento expedido daquela cidade. As autoridades do Crato estão lado a lado com os inimigos de meu padrinho... Sondei o sinhô... vendo se tinha qualidades. O tempo todo quis estudar o sinhô... vendo se podia contar com o sinhô na guerra de Doutô Floro. O sinhô vai ser um grande valete de armas. Bem-vindo a Juazeiro e preserve seu jeito de ser. Sua calma, mais que seu fuzil, é seu melhor armamento...

Chicoteia o cavalo. Sua figura se esgarça. Logo, novas romarias, com certeza, iriam passar pelo vezo de sua inspeção. Ao verem-se livres do velho jagunço, o alívio é geral. Olham para Militão Vidigal, porém nada comentam. Vislumbram, enfim, em toda a sua pujança, a igreja, a colina do Horto e o Círculo da Mãe de Deus. Finalmente chegam, tiram os chapéus: eis a bela Jerusalém Sacrossanta. Abarcam-na com os olhos. Estão comovidos. Lutariam pela causa de Padre Cícero e pela segurança dos irmãos juazeirenses, pois sabiam que aquela guerra era santa e era a mesma de todos os pobres do Ceará. Estavam ali obedecendo à "convocação de Padre Cícero", regozijavam-se porque haviam sido fiéis ao "chamado".

"A igreja, primeira visão dos romeiros". *Igreja Matriz de N. Srª das Dores – Juazeiro do Norte/CE.* **(Foto: Marlene Noronha).**

Mas não seria o "chamado" uma simples invenção nascida dos delírios inflamados do porta-voz? Não seria somente para justificar a vingança particular contra o coronel Negromonte? Na mente dos pacatubenses havia de fato aquela convocação extraordinária e eles obedeciam com uma fé sem limites. Não era o caso, obviamente, de Militão Vidigal. Esta frase "a convocação de Padre Cícero" nada representava para o ex-pistoleiro que adquirira uma blindagem poderosa contra qualquer sentimento de afetividade e vivera sem conexão nenhuma com os acontecimentos da época. Era homem sem causas. Saíra da cidade do Crato na companhia daqueles romeiros por simples questão de conveniência. Não comungava em nada com seus ideais. Seu mundo era concreto, nada de sonhos miraculosos. Seus objetivos eram tangíveis como o sofrimento que ao longo dos anos havia presenciado pelas estradas. Não era peregrino, não tinha crenças, não se entregava a devaneios e nem se iludia buscando a intervenção lá do Alto. Havia se escondido das autoridades policiais desde os dezesseis anos de idade. Havia andado pelas estradas sem nenhum salvo-conduto ou carta de recomendação, sem arrimo de qualquer natureza, a não ser a fé que levava em seu pequeno arsenal. Até o presente momento, havia sido um dos trânsfugas mais sem temor e mais absolutamente sem Deus que o sertão do Ceará tivera a infelicidade de conhecer. Estava indo a Juazeiro em busca de Padre Cícero por uma razão muito simples, porque o pedido de captura contra sua pessoa estava chegando inclusive ao Vale do Cariri. Sua salvação estava com Padre Cícero, isso se estivessem corretas sua intuição e a leitura que fizera dos versos do cantador. Portanto, nenhum laço o unia àqueles peregrinos, salvo estarem em busca do mesmo e insuspeito destino.

Militão despede-se de todos, agradece a Barjonas e dirige-se, a seguir, ao centro de Juazeiro.

É meio-dia. Encaminha-se para a residência de Padre Cícero, não na condição de devoto, pois se tornara um ser fatalista, cuja crença baseava-se somente no que a prática lhe ensinara. Ia atrás de homizio por acreditar no espírito compassivo, primeira qualidade, segundo ouvira, das muitas do sacerdote.

Concomitante à sua descida, grupos de romeiros convergem para a esplanada da igreja matriz. Sempre atento, analisa um carrossel de nuvens claras desfilando em um céu que parecia se encontrar muito mais próximo dos homens. O azul profundo daquela abóboda celeste e suas nuvens douradas, alumiadas intensamente pelo sol do meio-dia, encantavam-no de tal maneira que mexiam com suas emoções mais distantes. De súbito, ele escuta um zunido. Ao apurar melhor a audição, descobre um coro de vozes que nasce da massa de peregrinos. São cânticos agrestes, distorcidos, nasalados que lhe causam a mais profunda impressão. O Militão do tempo da adolescência ia emergindo aos pouquinhos; o homem bom, adormecido no inconsciente, não demoraria muito a voltar.

Prossegue. Chamam-lhe a atenção os cânticos, as ladainhas, as ruas movimentadas e os visitantes de vozes tonitruantes e olhares indagadores. Levas e mais levas de peregrinos descem em processões sucessivas, clamando e cantando, em direção ao Círculo da Mãe de Deus.

Mesmo sendo um sem Deus, um trânsfuga sem pátria e que se fiava unicamente na força de seu armamento, Militão vê ali certo clima de recolhimento e ajustamento espiritual. Começa a sentir um palpitar diferente. Vai caminhando enquanto sonda as casas, as pessoas. Vê em tudo algo que leva ao afastamento das coisas materiais. Trata-se mesmo de um mundo melhor, espiritualizado, onde o interesse é voltado indubitavelmente para o divino e para as coisas que ligam às deidades celestes. Não tardaria a ressurgir o Militão sereno, respeitoso, aquele amoroso Militão dos dias da meninice.

"Alguém dos senhores, por bondade, pode me informar onde posso encontrar a morada de Padre Cícero?", ele pergunta. Transeuntes o olham. Alguns se mostram indiferentes, outros, no entanto, esmeram-se em dar-lhe a informação desejada.

Ao chegar à residência de Padre Cícero, quem o recebe é uma jovem senhora, Joana Tertulina de Jesus, mais conhecida como beata Mocinha. Ela lhe estende a mão. Aponta-lhe uma cadeira e convida-o para sentar-se. Militão percebe nela – apesar de jovem – uma mulher de placidez admirável, segura de si, muito circunspecta e direta. Ao falar, demonstra objetividade. Não era à toa que a tinham como o braço direito do sacerdote.

– Padre Cícero está viajando, meu bom senhor... Meu padrinho, senhor Militão, deixou Juazeiro faz bem para lá de um mês... Lamento muito. Meu padrinho foi ao Rio de Janeiro. Colocarei o senhor em contato com meu padrinho, assim que ele retorne. Salvo atraso do vapor que o conduzirá até Fortaleza, sua volta deverá ocorrer no prazo de cinco dias...

Conversam mais, deram-se bem. Havia uma guerra em andamento na região, segundo reafirmara beata Mocinha, que repetira as palavras "lutas", "medo" e "tropelias" por mais três vezes, chegando Militão a compreender com muito mais clareza o significado dos semblantes preocupados que acabara de encontrar pelas ruas de Juazeiro. Somente depois de ouvir da beata certas explicações a respeito do surgimento das manifestações contrárias a Padre Cícero é que entendera melhor a conversa de Zezé da Galileia sobre o atentado sofrido pelo sacerdote. No final, Mocinha explica o papel de "observador" exercido por Zezé da Galileia e classifica a função dele como algo extremamente importante, dada à quantidade de romarias que chegam diuturnamente à cidade.

Joana Tertulina de Jesus, a beata Mocinha, do acervo do Memorial de Padre Cícero – Juazeiro do Norte/CE. **(Foto: Marlene Noronha).**

Militão levanta-se. Era hora de encerrar a visita, porém, como não encontrara Padre Cícero e vira na jovem senhora as qualidades de uma conselheira atenta e judiciosa quis aproveitar para confessar sua militância no mundo da pistolagem. Vale-se do momento para contar-lhe da vingança que promovera em nome da honra e pelo sangue derramado do pai. Elucida ainda para uma beata extremamente indulgente as marcas encontradas na coronha de seu fuzil. "Para cada morte, uma risca", ele diz. Jura, em contrapartida, que se for bem sucedido, se Padre Cícero lhe conceder guarida, irá esquecer aquele tenebroso passado e ser um servidor leal da casa do sacerdote.

Dias depois, graças ao empenho de Mocinha, o desejo de Militão é prontamente atendido. Conhece Padre Cícero e através dele é homiziado em uma fazenda nas proximidades de Juazeiro. Com o passar dos dias, torna-se amicíssimo do velho sertanejo Zezé da Galileia e, como consequência dessa amizade e da aproximação com o sacerdote, é apresentado a Manuel Chiquinho e a Floro Bartolomeu. Este, através de Manuel Chiquinho, nomeia-o soldado especial no batalhão que andava organizando para invadir Fortaleza.

Estava escrito? Fora destino procurar Juazeiro e ser inserido naquele "chamado" que nem sonhava existir? Lembrara-se do rabequista que conhecera na feira do Crato. No futuro, iria agradecer por tê-lo ouvido e ter decodificado tão sensatamente tudo que ele cantara a respeito de Padre Cícero.

Poucos dias se passam e já é dado a Militão um cargo importante para ajudar na defesa de Juazeiro. Em menos de cinco meses, tornar-se-ia uma peça fundamental, não só como cuidador da integridade física de Padre Cícero, mas também como um competente condutor de soldados, quando a reação ganhar força e o Batalhão Expedicionário marchar para a Capital do Estado.

Logo que as lideranças de Juazeiro, dentre eles Manuel Chiquinho, Zé Pedro e Manuel Pedro, batem os olhos em Militão – jovem, vigoroso, sempre acompanhado de um convincente fuzil –, vêm nele o protótipo do soldado ideal de um batalhão que organizavam para invadir Fortaleza. Era o fim do nebuloso ano de 1913, época em que questões políticas irresolutas, envolvendo Padre Cícero, haveriam de ser finalmente aclaradas. Época dos mais intensos ataques à cidade; época das madrugadas de fé, quando os beatos se reuniam ao pé do Círculo da Mãe de Deus para rezar e pedir clemência para os filhos de Juazeiro.

Ao aceitar juntar-se à causa do sacerdote, Negro Militão é jogado irreversivelmente nas correntezas pouco sutis do rio de acontecimentos que sulcam o Vale do Cariri e correm através do grande sertão cearense. Abre-se, enfim, um novo ciclo para Militão Vidigal. É sua oportunidade de recuperar o que lhe sobrara de brio.

Mesmo ao findar a guerra, quando o Ceará voltar a viver uma paz razoável, Militão Vidigal permanecerá ao lado de seu padrinho. Ele se fixará definitivamente em Juazeiro e até o falecimento do sacerdote será seu servidor mais leal. Três anos após a morte de Padre Cícero, Militão ver-se-á no ápice de um dos mais dramáticos acontecimentos: a invasão ao povoado do Caldeirão da Santa Cruz do Deserto. Lá, será assassinado ao tentar proteger da sanha dos soldados beato José Lourenço e alguns de seus seguidores.

EXPEDIÇÃO A FORTALEZA

Janeiro de 1914. Está completando três meses a estadia de Militão nas terras de Padre Cícero.

Na região do Cariri, esse ano de 1914 inicia-se com novos enfrentamentos entre as forças de Juazeiro e piquetes armados enviados de Fortaleza. A reação está sendo conduzida da maneira mais exemplar. Regozijam-se os juazeirenses por cada vitória alcançada. Rechaçados os invasores, o próximo passo seria a ida à Capital do Estado.

Já em nove de dezembro de 1912, o quartel da força pública da cidade do Crato fora saqueado, momento em que homens de Juazeiro apoderaram-se de seu arsenal. E durante todo o ano de 1913 e início de 1914, soldados de Franco Rabelo, em torno de 1.500, comandados consecutivamente por Alípio Lopes, Ladislau Lourenço e José da Penha Alves, reforçados por centenas de sertanejos, foram desaguados no Vale do Cariri com o objetivo de destruir Juazeiro e assassinar Padre Cícero.

Em uma das últimas investidas, dois fatores contribuíram para a desestabilização dos invasores: a morte do próprio comandante da tropa, Capitão José da Penha, no dia 22 de janeiro de 1914, e a notícia de que Nossa Senhora das Dores teria aparecido a Padre Cícero. Diziam que a Virgem anunciara que nenhum soldado juazeirense seria ferido e se, ainda assim, algum viesse a perecer, ressuscitaria no terceiro dia. Houve, então, uma debandada geral. A crendice dos jagunços engajados nas tropas de Franco Rabelo havia agido a favor dos devotos de Padre Cícero.

Nessa altura, estando em curso a debandada dos invasores, os comandantes de Juazeiro aproveitariam para marchar sobre a Capital do Estado. Portanto, o próximo passo seria a derrubada de Franco Rabelo.

Nos vários ataques ao longo desses quase dois anos de guerra, nem a superioridade numérica e material dos invasores, já que se utilizaram inclusive de um canhão, nem a destreza de seus combatentes foi suficiente para abalar o moral dos que acreditavam na causa de Juazeiro. A comprovação da eficácia do Círculo da Mãe de Deus e a respeitabilidade dos comandantes juazeirenses revigoraram a alma dos adeptos de Padre Cícero. Dar-se-ia a seguir a ousadia maior: a ida de um batalhão expedicionário para a Capital do Estado. Seria a segunda fase daquele conflito e a mais decisiva, porém tudo teria sido evitado com a renúncia de Marcos Franco Rabelo.

MILITÃO ASSUME CARGO DE LIDERANÇA

Março de 1914. Praça da igreja matriz de Nossa Senhora das Dores.

Por ocasião da debandada final dos soldados de Franco Rabelo, os comandantes das tropas de Juazeiro haviam se juntado a Floro Bartolomeu para os últimos preparativos tendo em vista a invasão da Capital do Estado. Numa manhã de março, em um estabelecimento situado ao lado norte da praça, vemos Militão Vidigal já como homem de confiança das autoridades juazeirenses. Militão espera o capataz da fazenda Porteiras, o senhor Minervino Soares da Silva, que vem a Juazeiro para uma entrega de armas. Minervino fizera parte do grupo que tomara de assalto o quartel da força pública do Crato, em 1912, portanto, já tinha um nome notável.

Ele se aproxima reticente, cumprimenta Militão, e o diálogo que entre os dois irá se desenvolver nos dará ideia precisa de quão irreversível se encontra o estado de guerra no Vale Cariri. Dar-nos-á ideia da importância adquirida pelo ex-pistoleiro e como se articula o movimento para a invasão à Capital do Estado. A campanha para o esforço bélico necessitava de mais abrangência. Por essa razão os apelos do sacerdote e os exaustivos contatos de Floro Bartolomeu foram estendidos aos pequenos e médios proprietários rurais.

A fazenda Porteiras, situada no município de mesmo nome, é propriedade de um coronel e correligionário de Padre Cícero, o senhor Raimundo Cardoso dos Santos. Fora dada a esse fazendeiro a incumbência de arrecadar entre os agricultores e médios arrendatários do Cariri armamento que tornasse viável a invasão ao reduto de Franco Rabelo. Porém, a tarefa não é cumprida com o sucesso esperado, sendo que a presença do capataz naquele dia em Juazeiro devia-se mais que a entrega das armas, um apressado e constrangido pedido de desculpas.

Depois dos cumprimentos usuais a Militão, Minervino encosta os animais na calçada. Era de manhãzinha e o sol já envolvia a colina do Horto e seus raios se refletiam nas paredes e na torre da igreja de Nossa Senhora das Dores. Ao iniciar descrição acurada do conteúdo da carga, principalmente ao mencionar a quantidade de armas, o que faz com seu jeito incisivo, que é próprio dos falares daqueles cearenses do Cariri, Militão o interrompe:

– Quinze?... Quinze fuzis?... Seu Minervino, o senhor está me dizendo que no lombo de suas mulas o senhor está me trazendo somente quinze fuzis?... Mas o acordo entre o coronel Raimundo Cardoso e o doutor Floro, apalavrado na frente mesmo de meu padrinho, o senhor Padre Cícero, tendo eu, o senhor e *seu* Zezé da Galileia como testemunhas presentes, não foi de no mínimo trinta peças, se não me falha a memória?...

– Sim... Trinta. O acordo era de no mínimo trinta fuzis, *seu* Militão, mas não foi possível arrecadar tal montante...

– Não?! Mas, meu Deus! E agora?... Doutor Floro mais Manuel Chiquinho estão crentes, seu Minervino, do sucesso do coronel...

– Pois é... O coronel só diz, seu Militão, que lamenta muito. Mesmo fazendo verdadeira devassa não só em Porteiras, mas em muitas fazendas da região, não foi possível ele arrecadar a quantidade de fuzis esperada... No final, só deu para se conseguir quinze... Sendo que para compensar, o coronel me pediu que adicionasse os terçados... O coronel se diz insatisfeitíssimo, está nos grudes, lamenta muito e pede muitíssimas desculpas...

– Terçados?... O senhor mencionou terçados?... Quantos?

– Vinte.

– Vinte?...

– Sim. Vinte. Vinte terçados, mas de uma ótima qualidade. O coronel, em carta ao doutor e a Manuel Chiquinho, desculpou-se e muito. Hoje de madrugadinha, despachou-me para cá, incumbindo-me de trazer também ao senhor, *seu* Militão, não somente essas peças, mas seus muitos pedidos de desculpas... Ele se diz nos grudes e está completamente sem jeito... Enfim, a missão que me deram em Porteiras foi esta: trazer as armas e passar ao senhor as mil desculpas do coronel.

Depreende-se desse diálogo que os dias de lutas para defender a cidade estão em sua fase final. Por dedução, percebe-se a iminência de algo maior, a investida à Capital cearense, projeto que estava inflamando o coração dos pacatos moradores de Juazeiro. De fato. Depois de repelidos os soldados de Franco Rabelo, a invasão de Fortaleza seria o segundo passo, posto que a derrubada do Governador do Estado se tornara essencial para se conseguir o fim do conflito. A busca por aliados na Capital Federal, a organização efetiva de um batalhão valoroso e o apoio logístico conseguido junto aos engenheiros da Rede Viação Cearense, todos esses aprestos estavam nas mãos de Floro Bartolomeu. Padre Cícero, que era o elemento aglutinador, já concitara seus romeiros para uma reunião a ser realizada no dia quatorze de março, em frente à igreja matriz.

AOS PACATUBENSES É DADA UMA MISSÃO

Fora de grande valia a ajuda dos cinco peregrinos de Pacatuba. Haviam chegado na época em que Juazeiro mais sofria ataques ao longo de suas fronteiras. Foram recebidos por beata Mocinha, que imediatamente os enviara a Zezé da Galileia. O velho jagunço os agregara a um piquete encarregado de vigiar o Circulo da Mãe de Deus, no trecho mais vulnerável, aos pés da colina, nas imediações do Socorro.

Aquele fora um período de intensos confrontos entre os defensores de Juazeiro e os inimigos de Padre Cícero. Os pacatubenses, liderados por Barjonas, a quem continuavam chamando de porta-voz, destacaram-se por seu ardor nos combates. Logo foram notados não só devido ao denodo com que caíam sobre os invasores, mas, e principalmente, pela integração perfeita que havia entre seu comandante e os demais componentes do grupo.

Naqueles dias, Zezé da Galileia e Militão Vidigal que cuidavam da proteção da cidade, testemunharam vários lances heroicos praticados pelos valorosos homens de Pacatuba. Fora assim que caíra o grupo nas boas graças das autoridades de Juazeiro e principalmente na estima de Padre Cícero.

Um mês depois, são cooptados para uma missão de relativa importância, pois a preparação para a derrubada de Franco Rabelo estava em sua fase final. Deveriam voltar a Pacatuba e tentar arregimentar o máximo possível de conterrâneos. Naquele pólo da Estrada de Ferro de Baturité, desenvolviam-se populações importantes, muitas delas seguidoras incondicionais de Padre Cícero. Lá, encontravam-se aglomerados interessantes como Baú, Guaiuba e Pacatuba que, juntamente com Maranguape e Maracanaú, ficavam às portas de Fortaleza.

O grupo de Pacatuba, através de seu porta-voz, Barjonas Moreira Regina, aceita sem relutância a missão. Ele agradece a confiança. Afiança às autoridades de Juazeiro e de um modo mais reservado a Militão Vidigal que poderiam ter certeza do apoio leal e incondicional de seus conterrâneos. Logo que chegasse à cidade, enviaria notícias. Estava convicto de que a maioria dos agricultores de Pacatuba ajudaria na derrubada de Franco Rabelo porque acreditavam ser a única forma capaz de neutralizar o poderio de homens como Negromonte do Nascimento.

Em discurso, certa vez, Dr. Floro havia preconizado:

"O enfraquecimento do poderio de alguns proprietários cearenses que se aproveitam da dependência de seus agregados, só será possível com a derrubada de Franco Rabelo."

Essas foram palavras que teimavam em se alojar na mente dos cinco romeiros, ajudando a reforçar a importância da missão a eles passada. Três dias depois, Barjonas, Zeferino, Ezequiel, Filisteu e Romão, tomam o trem de volta à sua terra natal. A viagem transcorreu em paz, porém, mal chegam a Pacatuba, são surpreendidos pelos homens de Negromonte.

Sem que pudessem reagir, viram-se, de repente, sob o jugo do coronel e desta vez acusados de pertencerem à ala de sertanejos aderentes à causa de Padre Cícero.

De mãos amarradas, os cinco enviados de Floro Bartolomeu são conduzidos para a Morada dos Gaviões, propriedade pertencente ao coronel Negromonte. Ele havia se tornado comandante dos "Lenços Encarnados" de Pacatuba, grupo criado na região para fortalecer e cuidar dos interesses políticos de Franco Rabelo.

O DIA DA EXPEDIÇÃO A FORTALEZA

Juazeiro. Quarta-feira, quatorze de março de 1914.

A esplanada da igreja de Nossa Senhora das Dores está engalanada e à espera de grande concentração de fiéis. São cinco horas da manhã. O sol é anunciado por uma disposição de interessantes tons alaranjados no céu. Estava programada para aquela manhã a presença de Padre Cícero que falaria ao povo sobre a guerra que não fora possível evitar. Durante todo o restante do dia haveria cânticos no Círculo da Mãe de Deus e à noitinha os expedicionários de Floro Bartolomeu partiriam rumo à Capital do Estado. Seria, portanto, naqueles dois dias, quatorze e quinze de março de 1914, que os juazeirenses escreveriam um capítulo glorioso nos compêndios da História do Ceará.

Oito horas da manhã. Vão chegando os devotos que pleiteiam participar da derrubada de Franco Rabelo. Posicionam-se em frente à igreja matriz. No programa que fora traçado, Padre Cícero dirigir-se-ia aos romeiros, faria breve preleção depois os escolhidos para formar o Batalhão de Juazeiro tomariam rumo às estações de trem de Iguatu e Senador Pompeu, onde embarcariam para a Capital do Estado.

Oito e trinta da manhã. As ruas de Juazeiro encontram-se quase completamente tomadas.

No lado oposto à igreja, emergido daquela babel de devotos, de pé, sobre o tronco de um pau-brasil, José Celibato, o ceguinho cantador, improvisa versos que falam sobre a grandeza e as glórias dos soldados de Padre Cícero. Aos inimigos de seu padrinho, o rabequista ridiculariza. Ele vai construindo versos cuja temática é a superioridade aguerrida dos defensores de Juazeiro. Com o arco deslizando sobre as cordas de sua rabeca, parece unir-se numa circunvolução mágica. Vai num crescendo para uma dimensão maior, até que homem e instrumento se fundem. Nesse instante, assemelha-se a um memorial sertanejo fadado a homenagear para sempre o cantador nordestino.

As calçadas da igreja, da casa paroquial e do barracão dos ex-votos, vão se enchendo de peregrinos. Aquela concentração de fiéis parece uma grande toalha de renda; oscila, vai e vem em um imperceptível balanço.

Militão Vidigal havia se tornado um dos homens que cuidavam da integridade física de Padre Cícero e um dos principais auxiliares dos líderes a serviço de Floro Bartolomeu. Naquela manhã, em conjunção com Zezé da Galileia tudo faz para monitorar com rigor aquela massa de peregrinos. Pede para seus auxiliares analisarem quaisquer gestos ou movimentos que lhes pareçam suspeitos. A razão de tantos cuidados é devida à diversidade de devotos hoje ali reunidos. Era, em todos os aspectos, um dia extraordinariamente atípico. Pessoas de todos os níveis e de todas as procedências circulam livremente pela esplanada da igreja matriz, acreditando alguns, inclusive, na possibilidade de abraçarem e serem abençoados pessoalmente por Padre Cícero.

Oito e quarenta da manhã. A frente da igreja continua a receber adeptos que a todo o momento apontam em grupos organizados. Descem da cidade do Crato, de Barbalha; chegam utilizando-se das veredas que rasgam a colina do Horto, desaguam no Socorro e se agrupam nas proximidades da casa de Padre Cícero.

Depois do primeiro milagre, muitos sertanejos transformaram-se em homens religiosos com obrigação de peregrinações anuais. Havia entre eles criadores de confrarias, tais como os fundadores da irmandade dos *Ave de Jesus* e beatos da cepa de José da Cruz e de José Lourenço, da *Ordem dos Penitentes.*

Em síntese, tirando, obviamente, os criminosos oportunistas, aquela multidão que atendia aos apelos de Padre Cícero constituía-se de pessoas transformadas em almas tementes a Deus e essencialmente pacíficas. Não era um contrassenso? Como seria possível aderirem às armas pessoas tão amistosas, almas cheias de compaixão, há muito apaziguadas e vivendo à luz de uma filosofia de amor? Era que o profano ali representado pelo projeto guerreiro de Floro Bartolomeu fora validado e santificado pelo sagrado que era bem maior e patenteava as realizações milagrosas de Padre Cícero e as aspirações espirituais de milhares de sertanejos.

Naquele dia – dia excepcional porque cheio de expectativas heroicas – o rabequista rende preitos aos milhares de romeiros que se juntam desde a esplanada da matriz até o pátio de cascalho batido da residência de Padre Cícero. A multidão, como matéria animada, movimenta-se em um imperceptível balanço, em um ir e vir como ondas, que lembra as ondulações de uma plantação de arroz na estação das floradas.

Constava da programação daquele dia umas breves palavras, quando Padre Cícero agradeceria a adesão ao movimento revolucionário organizado por Floro Bartolomeu, seguindo-se a bênção que era o instante mais aguardado pelos romeiros.

Depois, os sertanejos do Batalhão de Juazeiro marchariam para as estações de trem de Iguatu e de Senador Pompeu, onde esperariam o sinal para embarcar com destino à Capital do Estado.

Franco Rabelo não se refestelaria nem por mais uma semana na cadeira máxima do Ceará. Via-se essa certeza na atitude de feroz beligerância daqueles milhares de peregrinos. Dias antes, Floro Bartolomeu viajara ao Rio de Janeiro em busca da reafirmação do apoio, principalmente, do senador Pinheiro Machado. Ao sair, confiara ao coronel Antonio Luís, primo-irmão de Nogueira Acioli, seus homens de confiança. Na expulsão aos invasores haviam-se destacado, Manuel Chiquinho, Zé Pedro, Militão Vidigal e Zezé da Galileia. A estes seria dado um papel preponderante na expedição que partiria para invadir Fortaleza.

SONS DE RABECA

Esplanada da matriz de Nossa Senhora das Dores. Nove horas da manhã.

Militão está preocupado. Dois meses haviam se passado da partida dos pacatubenses e deles sequer tivera notícia.

A missão que lhes fora dada era de grande importância e robusteceria a força que iria desalojar Franco Rabelo. Porém, apesar da falta de notícias, acreditava Militão que eles se juntariam impreterivelmente aos combatentes quando os comboios passassem por Pacatuba. Essa certeza ele vira sacramentada nos olhos daqueles bons cearenses. Quando, ao buscar refúgio nas terras de Padre Cícero, os conhecera, logo percebera tratar-se de gente de grande honradez.

Juazeiro banha-se de luz. São nove e quinze da manhã.

Nunca que o céu do Cariri apresentara-se tão intensamente azulado. O calor incomodava. Mesmo sob um sol excepcionalmente brilhante, a frente da igreja matriz já está lotada por centenas de sertanejos.

Enquanto esperam a entrada do sacerdote, voltam sua atenção para as toadas do cantador. Os sons da velha rabeca emolduram versos mouriscos, baladas venturosas de antigos violeiros. É competente o senhor Celibato. O povo atribuía-lhe uma grande variedade de "decorativos". É aplaudido demoradamente quando glosa os feitos e as glórias dos moradores locais e rende preito à eficácia do Círculo da Mãe de Deus. Esse tema rico em variações e misto de religiosidade vai agindo na psique da massa de peregrinos como uma subversiva marcha guerreira.

O arco sobe e desce numa escala de extraordinários efeitos; sons atingem a esplanada em variados timbres e ritmos.

Se tivéssemos que eleger uma trilha sonora para aquela movimentação dramático-profano-religiosa dos seguidores de Padre Cícero, com seus chapéus de palha, escapulários no peito, armas e rosários nas mãos, certamente seriam os ponteios da rabeca do competente "esmoler".

– *Seu* Celibato?...

De repente, ao som de seu nome, retém o arco. O tom da voz é familiar, reconhece-o, é a neta de seu compadre, o velho Setentrião.

"O cantador levanta o arco no ar." (**Ilustração:** *Valkman Gouveia*).

– *Seu* Celibato?...

Ao ouvir a repetição de seu nome, retorce-se. Gira em direção à menina e seu corpo de músculos à vista e pele transluzindo do bronze-ocre ao vermelho, é etéreo e para sua idade extraordinariamente flexível. Naquela posição, com seu arco retido drasticamente no ar, parece uma estátua erigida em homenagem a genuínos menestréis sertanejos.

Novamente, a voz indiscutivelmente feminina lhe chega aos ouvidos. Destaca-se dos sons cacofônicos da multidão. Ao redor do rabequista, centenas de sertanejos aguardam a entrada de Padre Cícero.

– *Seu* Celibato?...

– Hein? É Grandinha?... É você, minha filha?

– Sim, *seu* Celibato... Queria saber de Vadim... Vadim hoje não veio ajudar o *sinhô, seu* Celibato?

– Ah, minha filha... Veio não! Vadim?!... Esse menino, Grandinha, tá é me matando de raiva.

Sempre fora melodramático. Mas ultimamente, a maledicência tinha presença marcante em tudo o que pensava e dizia. Talvez fosse ato inconsciente. Ranço talvez de mais de oitenta anos de sofrimentos. Vontade de obter atenção popular, já que não aceitava gestos que denotassem misericórdia por dó. Vadim, na verdade, respeitava-o como se fosse um avô.

Se algo o atrasara não fora certamente por nenhum sentimento mesquinho; porém, um único deslize por parte do rapaz já seria motivo para um surto melodramático do velho.

– Um pobre de um cego como eu, minha filha, que leva um corpo todo travado que quase já nem se enverga direito... Se eu ando, Grandinha, é sem nenhuma destreza. Vivo em tempo de me arrastar pelo chão... É, minha filha... Até que Deus tenha dó e me leve ainda vou penar é muito por essas ruas de Juazeiro.

Acalma-se. Pergunta por seu compadre, o velho Setentrião, no que Grandinha atenta e gentilmente responde. Apesar de dispersiva, é amorosa demais com o velho cantador. Aliás, o ceguinho sempre despertara, tanto nela quanto em Vadim, o melhor de sua afeição. E ela era especialmente grata ao ceguinho. Através dele conhecera Vadim de quem a todo o instante recebia as benesses de um bem-querer carinhoso. O namorado, na verdade, fora sempre muito dedicado e leal. Na concepção de Grandinha, o mundo sem Vadim, agora que o conhecia e se acostumara com a riqueza de sua atenção, não passava de um imenso e confuso vale de lágrimas.

– Vovô tá bem, *seu* Celibato... Ah, sim... Vovô pediu que se o sinhô fosse cantar lembrasse dos versos "O Lamento da Triste Moura"... Vovô disse que não tem preço se o *sinhô* satisfizer esse seu merecimento... Ah, ele também pergunta de sua dor, *seu* Celibato... A dor de cabeça nas frontes, o senhor melhorou?

Ficou ali empatando o tempo do senhor Celibato que ainda se queixara de dores no peito, erisipela, até uma doença que chamava, ora de *cobreiro*, ora de *cinturão de São Jorge*. Só termina o desfile de achaques ao afiançar sua eterna aceitação a Jesus.

– Grandinha, eu mais compadre Setentrião fazemos é pouco da morte. Para que *doutô* para nossas doenças, se temos por nós Jesus Cristo?... Eu me fio, Grandinha, é em Deus, Nosso *Sinhô* Jesus Cristo que quando andou pela terra curou doenças de sete mil qualidades.

Grandinha despede-se. Ela sabia que em seguida o senhor Celibato honraria o pedido que acabara de lhe fazer. "Os Lamentos da Triste Moura" eram os versos preferidos de seu avô. Logo o cego apruma a rabeca. Sua voz é encorpada. Procura alcançar Setentrião que no outro lado da praça vende seus santos e demais objetos votivos:

Não chores, ó bela *prencesa*!
Alá já ouviu teus cantares
Saladino, teu noivo e guerreiro,
Já aponta na *íngrem*' ladeira
Em negro cavalo *amontado*.

Não chores e vai recebê-lo!
Perfuma teus negros cabelos
Te vistas com graça e esmero
Turbante e echarpe de seda,
Bolero e vestido encarnado.

Os versos "Os Lamentos da Triste Moura" são interrompidos por uma forte e prolongada ovação. É Padre Cícero. Há a seguir um silêncio admirável e lividez em milhares de feições comovidas. É assim que se manifestam, é assim que demonstram respeito à figura de seu padrinho. Para os nordestinos, Padre Cícero era senhor de uma personalidade única, descomplicada e boa. A extraordinária aceitação popular que ganhara durante aquela venturosa etapa de seu ministério muito se devera à sua figura simples de homem sem requintes, cujo rosto de pele "alvinha", mas castigada pelo sol, não deixava dúvidas quanto à sua proveniência campestre. Padre Cícero era como eles. Falava igual a eles. Agia como eles. Os sertanejos se viam espelhados nessa simplicidade e total desprendimento e, mais que todos os milagres, fora essa singeleza aliada a um espírito compassivo que fizera com que Padre Cícero ganhasse a admiração popular.

"CARIDOSO SEMEADOR DE ESPERANÇA"

Doutor Fernandes Távora[16], atuante na área da medicina psiquiátrica da época e que chegara a acusar Padre Cícero portador de "insanidade psíquica", não negara ter sido ele um "caridoso semeador de esperança".

Padre Cícero espera o final da ovação. Apesar do clima opressivo de uma guerra desgastante e que não fora possível evitar, ele sustenta aquela imagem pura de sertanejo atencioso e paciente.

A massa silencia. A convocação tivera êxito. Todos que haviam atendido aos apelos de seu amigo Floro Bartolomeu – começara a dizer Padre Cícero – poderiam ter certeza da imensa gratidão que exumava de sua alma. Outrossim – ia dizendo sempre com seu jeito tranquilo –, lamentava pela guerra a que seus inimigos em Fortaleza estavam submetendo os moradores de Juazeiro. Dissera que sempre tivera necessidade de lutar por justiça, razão de ter enveredado pela política, aceitando cargos públicos, inclusive a nível estadual. Emocionara os devotos ao dizer que sonhara com boas con-

16 Segundo ***Dr. Fernandes Távora, psiquiatra cearense****: "Padre Cícero foi vítima de uma organização deficiente, que o fadou a uma insanidade psíquica, por isso mesmo não devia conta de seus atos ao tribunal humano, mas tão-somente à eterna justiça de Deus que não lhe terá negado o suave regaço de sua misericórdia, porque ele foi um caridoso semeador de esperança, um piedoso e bom, que passou pela terra consolando."*

quistas que trouxessem benfeitorias ao povo do Cariri. No final, agradece aos correligionários, aos chefes políticos da região, mas seu carinho maior, seu agradecimento mais demorado, vai para a massa de peregrinos. Por fim, tece elogios e agradece aos juazeirenses pela grandeza de terem defendido com tanto denodo Juazeiro. De um modo bem pessoal, diz-se grato a Antônio Vilanova, ex-combatente do Conselheiro e que supervisionara a construção do Círculo da Mãe de Deus.

A voz de Padre Cícero, afora uma dislalia que frequentemente o incomodava, é clara e assim permanecerá pelo tempo que durar a palestra. Todos os olhares buscam sua figura. O silêncio é absoluto. A calmaria daquele mar de pessoas era uma afirmação do respeito que ao longo dos anos aprenderam lhe dispensar. Padre Cícero agradece repetidas vezes por terem atendido ao apelo de seu amigo Floro Bartolomeu. De fato, pela quantidade de peregrinos ali presentes, via-se que os moradores de todo o Vale do Cariri e adjacências não haviam sido infensos aos apelos partidos de Juazeiro.

ENQUANTO ISSO, EM MARANGUAPE...

Porém, naquela mesma manhã, no outro extremo do Estado, nas cercanias de Fortaleza, o Céu se mostra extraordinariamente sereno. Diferentemente da soleira que está incinerando os sertões do Cariri, no norte, o Sol não mais exibe a rubra coroa inflamada. É ameno. Naquela manhã, ele vai alumiando devagarzinho, muito serenamente, não somente as serras de Pacatuba, Maranguape e Maracanaú, mas toda a costa marítima, priorizando a orla fortalezense e os verdes mares, onde deslizam leves jangadas ao vento.

À tarde, na estação de trem da localidade serrana de Maranguape, pequena comarca que fica a somente dez quilômetros de Fortaleza, algumas pessoas conversam. Como é próprio das cidades interioranas, durante todo o dia nada aconteceu que alterasse a calma preguiçosa daquele sistema bucólico. Mas, de repente, o guarda-chaves Anatole Freitas deixa a sala do telégrafo visivelmente alterado. Agita aleatoriamente um papel. Era um telegrama recebido da estação ferroviária de Pacatuba. Informava que os trens que transportavam o Batalhão de Juazeiro acabavam de sair das cidades de Senador Pompeu e Iguatu.

Os moradores de Maranguape sempre haviam duvidado da possibilidade de Fortaleza ser atacada pelos fanáticos de Padre Cícero. Mesmo depois de saberem do conteúdo do telegrama, custa-lhes crer que simplórios pagadores de promessas, gente amolentada e desvanecida por sucessivos períodos de escassez, ousassem enfrentar as forças oficiais infinitamente mais poderosas.

Por aqueles dias, proliferavam, nas cidades próximas à Capital, piquetes denominados de "Lenços Encarnados". Eram patrulhas ideológicas itinerantes, notórias por barrarem nas estradas qualquer grupo errático que não fosse de confissão rabelista. Identificavam-se por lenços vermelhos que traziam amarrados ao pescoço. Essas brigadas que tanto amedrontaram os cearenses do norte haviam sido formadas com o objetivo inicial de enfraquecer o movimento da oligarquia dos Aciolis. No entanto, logo após sua criação, descambara para a perseguição grosseira e exclusiva aos seguidores de Padre Cícero. Quando uma nova unidade era criada, batizavam-na com o nome de seu comandante. Fora o caso da célula de Maranguape que fora denominada de "Os Lenços Encarnados do Tenente Antônio de Souto Maior", ou daquela que se mostrou execrável para os moradores de Pacatuba: "Os Lenços Encarnados do coronel Negromonte do Nascimento".

Por estar alocada em Maranguape, a célula do Tenente Antônio de Souto Maior fora encarregada da construção de um fosso nos moldes do Círculo da Mãe de Deus, cujas ruínas até hoje podem ser encontradas nos arredores de Fortaleza. De extensão colossal, essa valeta ficaria como um marco da engenharia apressada daqueles dias de guerra. Fora ideia de um alarmista da equipe de Franco Rabelo. Quando ficara patente, nos dois últimos meses de 1913, a invasão da Capital pelos sertanejos de Padre Cícero, fora enviado pelo Departamento de Engenharia do Palácio da Luz o seguinte despacho ao Prefeito de Maranguape com cópia para o Tenente Antônio de Souto Maior:

"... Só barraremos os homens de Floro Bartolomeu se forem construídos fossos retentores nas áreas frontais de desembarque da estação de trem de Maranguape até o distrito de Maracanaú. As citadas localidades deverão ser tratadas como territórios restritos: são portões de entrada que deverão resguardar Fortaleza."

Naquele dia, o guarda-chaves Anatole Freitas envia imediatamente a Antônio de Souto Maior, que se encontrava em reunião com o prefeito e o vigário de Maranguape, o telegrama dando conta do embarque dos homens de Floro Bartolomeu. Obedecendo a uma ordem de importância, o prefeito lê e relê o telegrama, mostra-o ao vigário, passando-o este ao Tenente Antônio de Souto Maior. O tenente arruma-se sobre o cavalo e parte. Percorre a praça da igreja matriz e ordens e contraordens se sucedem em um frenesi próprio de grandes momentos de crises.

O largo principal de Maranguape – um passeio público acolhedor e familiar – logo se assemelha a uma imensa praça de guerra.

A ESTRADA DE FERRO É REQUISITADA

Enquanto isso, no sul do estado, a Estrada de Ferro de Baturité, que recebera a nova denominação de Rede Viação Cearense, fora cooptada para atender aos interesses dos comandantes de Juazeiro. O objetivo das forças de Floro Bartolomeu seria alcançar Fortaleza para varrer de vez do território cearense o ideário e a ameaça rabelistas.

Para ilustrar o quanto havia crescido o número de aderentes à expedição armada de Juazeiro, somente um dos líderes da facção aciolina, que prometera esperar os juazeirenses no desvio da estação de Acopiara, contava com quase cem sertanejos. Unir-se-ia ainda ao Batalhão de Juazeiro o piquete que os cinco peregrinos de Pacatuba haviam ido reunir entre seus conterrâneos. Até parecia que os homens de Floro Bartolomeu haviam idealizado aquela marcha inspirando-se na convergência dos soldados indianos na célebre segunda ofensiva dos Bôers[17].

Floro Bartolomeu seria a peça fundamental para o sucesso daquela empreitada. Iria entrar para a História não só como

17 Guerra na África do Sul (1900-1902) entre britânicos e o principado holandês de Orange. Soldados vindos das colônias britânicas lotaram vagões após vagões, enquanto as áreas de combate iam sendo interligadas com trilhos. Historicamente, os trens surgiam pela primeira vez como força motriz a somarem-se aos esforços de guerra das grandes nações colonizadoras.

político ambicioso, mas também como um bom articulador que buscara nas instâncias federais o apoio apropriado para a causa de Padre Cícero.

Militão Vidigal, na condição de líder de um dos piquetes de Juazeiro, está confiante porque sabia que poderia contar com a disposição daqueles sertanejos, pois eram homens valentes, pessoas de brio, indivíduos habituados a uma vida espartana, portanto, capacitados para enfrentar batalhões.

Enquanto o primeiro trem que transportava os juazeirenses ia chegando à estação de Baú, Pinheiro Machado, em apoio a Floro Bartolomeu, já havia despachado uma força bélica considerável lançada da Capital Federal. Estreitavam-se, desse modo, os laços de interesse entre Padre Cícero, Floro Bartolomeu e o Senador José Gomes Pinheiro Machado.

Um por um, vão se apagando os faróis que assinalavam a era rabelista no Ceará. Havia chegado a hora de as oligarquias cearenses, abrigadas no Partido Republicano Conservador, principalmente os remanescentes aciolinos, voltarem a sonhar com o poder outra vez. Sabiam que com o crescimento das forças de coalizão que os robusteciam no sul do estado, com o apoio enviado da Capital Federal e com a pressão exercida pelo Batalhão de Juazeiro, Franco Rabelo estaria fadado a submergir no próprio caos que criara.

Floro Bartolomeu, amigo dileto de Padre Cícero, encontra-se agora no palco das atenções. A notícia do apoio naval prometido por Pinheiro Machado espalha-se como rastilho de pólvora, ensejando mais adesões. Nessa hora, dois nomes de relativa importância evidenciam-se na campanha de Juazeiro: João Brígido, editor do jornal *O Unitário* e o coronel Antônio Luís, parente próximo de Nogueira Acioli. Na semana que antecedeu o embarque, os chefes políticos dos municípios adstritos ao Vale do Cariri, que haviam permanecido fiéis à causa de Padre Cícero, reiteraram seu apoio e se colocaram à disposição de Floro Bartolomeu.

BEATOS REZAM PELO FIM DA GUERRA

Juazeiro. Quinze de março de 1914.

A euforia dos devotos que se reúnem no Círculo da Mãe de Deus é contagiante. Aliás, aquelas reuniões tornaram-se constantes desde a partida dos juazeirenses para Fortaleza. Liderados por Antônio Vilanova e pelo beato José da Cruz, desde as primeiras horas daquela manhã, rezam pelo bom sucesso dos expedicionários que, segundo seus cálculos, àquela altura, já deveriam estar nas proximidades da Capital.

De fato. Militão e Zezé da Galileia, reforçando uma brigada formada por algumas dezenas de sertanejos, acabam de desembarcar na estação de trem de Baú. Eles teriam de atravessar a pé todo o município de Maranguape, única passagem para o centro de Fortaleza. Aquela região serrana, com sua temperatura cálida, cuja aragem proporcionava ao viajante certa sensação de frescor, contrasta enormemente com as terras ressequidas que haviam deixado no Vale do Cariri.

A primeira refrega dá-se em Maranguape. É contra a patrulha itinerante os Lenços Encarnados do tenente Antônio de Souto Maior. O confronto se inicia nas proximidades da estação, estendendo-se até o largo da igreja matriz. Os homens de Antônio de Souto Maior montavam guarda na região desde que o município havia sido declarado território restrito. Eram eles que vigiavam a construção do valado destinado a defender Fortaleza.

Os combatentes de Juazeiro caem, então, sobre os Lenços Encarnados com extraordinário denodo. Antes do ataque, um dos homens de Floro Bartolomeu fizera questão de lembrar aos juazeirenses as terríveis humilhações sofridas por peregrinos que tentavam chegar ao Vale do Cariri. E era um fato. Apoiar a causa de Padre Cícero nas cidades próximas a Fortaleza, por aqueles dias, havia se tornado ação suicida. Os que haviam sido acusados de pertencer ao movimento "cicerista" foram indistintamente enviados para Maranguape. Exemplo disso fora os homens de Pacatuba. Em Maranguape eram obrigados a mourejar noite e dia na construção do valado. O trabalho forçado havia sido institucionalizado pelos Lenços Encarnados de Antonio de Souto maior, embora depois se dissesse que nada disso era do conhecimento de Franco Rabelo.

O piquete liderado por Militão e Zezé da Galileia progride. Em menos de duas horas levam de vencida os defensores de Maranguape que fogem em direção ao centro de Fortaleza. Porém, uma surpresa iria chocar os expedicionários de Floro Bartolomeu. Em um vagão desativado no desvio da linha de ferro, descobrem um grupo de prisioneiros excessivamente maltratados. Estavam ali acusados de defenderem a causa de Padre Cícero. É somente aí que os juazeirenses tomam conhecimento da prática do trabalho forçado adotado por Antonio de Souto Maior. Em seguida, têm oportunidade de saber detalhes de como aqueles prisioneiros haviam sido capturados e encaminhados para a região.

Contudo, a surpresa maior ainda estava por vir. Reconhecem no meio daqueles macerados os cinco companheiros que haviam deixado Juazeiro com destino à cidade de Pacatuba. Explica-se, desse modo, a falta de notícias sentida por Militão. O velho Barjonas, Zeferino, Ezequiel e os irmãos, Filisteu e Romão, jazem em um canto do vagão com mãos e pés amarrados. Eram os mais maltratados e famélicos dentre aquela centena de desvanecidos. Por seu lado, ao perceberem que se tratava dos homens de Juazeiro, são tomados por uma emoção difícil de descrever.

Quando se recompõe, Barjonas conta-lhes o drama que ele e seu grupo estavam vivendo. Dissera-lhes que depois de terem sido presos na chegada da estação de Pacatuba haviam sido levados para a fazenda de Negromonte, onde o próprio coronel os pressionara para que contassem detalhes da campanha de Juazeiro. Dois dias depois, privados de alimento, acusados de terem se aliado aos "jagunços de Padre Cícero", veem-se transportados para Maranguape onde são forçados a trabalhar na construção do valado que se destinava a proteger Fortaleza. Portanto, saíram do jugo dos Lenços Encarnados do coronel Negromonte, passando para as mãos dos homens de Antônio de Souto Maior. Depois de ouvir o relato do senhor Barjonas, o que mais emocionara Militão Vidigal fora perceber que, apesar de visivelmente traumatizados, aqueles homens mostravam-se ainda desejosos por continuar na guerra em desagravo ao povo de Juazeiro.

A seguir, dividem-se os juazeirenses. Dois piquetes são organizados, devendo um partir para a região do Soure – atual Caucaia –, enquanto o outro, sob a liderança de Militão e Zezé da Galileia, deveria marchar em direção ao bairro de Parangaba. Os sertanejos de Militão reforçados a partir dali pelos homens de Pacatuba vão marchando pelas ruas de Parangaba quando um grupo de soldados lhes chama a atenção.

Estão entrincheirados em um complexo de barracões que servia como abatedouro de bois, o Matadouro Modelo. A brigada de Militão os cerca. Antes do primeiro disparo, houve uma hilariante disputa verbal, seguindo-se um breve e decisivo combate. Vitoriosos, os juazeirenses se dirigem para a parte central da cidade. Encontravam-se agora no perímetro urbano de Fortaleza. Dirigiam-se à Praça do Ferreira, conforme diretrizes passadas, onde fariam pequeno descanso. Uma vez lá, unir-se-iam a outros combatentes para a investida ao Palácio da Luz onde se daria a fase final da campanha.

Na Praça do Ferreira, ficam sabendo da ajuda naval providenciada por Pinheiro Machado. A euforia é geral. Todos os passos, dali por diante, deveriam ser processados em sincronia com as forças enviadas do sul do país.

Há em Fortaleza uma ala subterrânea de simpatizantes da causa de Padre Cícero. Será deles que os juazeirenses obterão os subsídios logísticos necessários para a investida final. Concomitante à chegada das forças juazeirenses nas proximidades do Palácio da Luz, uma esquadrilha da Marinha, enviada por Pinheiro Machado, impõe um bloqueio marítimo à orla de Fortaleza. Ao se perceber sem saída, em um gesto que guarda toda uma simbologia nostálgica de guerras anteriores, Franco Rabelo abre de par em par as portas de seu palácio. Dois dias depois, as circunstâncias o obrigam a abandonar o Ceará quando, numa viagem apressada, organizada sem maiores planejamentos, parte para o sul do País.

Terminada a guerra, Hermes da Fonseca nomeia interinamente Fernando Setembrino de Carvalho até que ocorram novas eleições no Estado. Na sequência, eleito o senhor Liberato Barroso como governador cearense, o cargo de vice retorna às mãos de Padre Cícero. Depois daquele rude período de tropelias, Juazeiro encontra-se livre para viver outra vez o velho ramerrão costumeiro.

UMA VISITA A NEGROMONTE

Diferentemente do que pensara o velho Barjonas, a queda de Franco Rabelo em nada iria afetar o poderio e o modo de vida dos grandes proprietários que concorriam para o atraso dos sertanejos. Mesmo com a mudança política, os privilégios de alguns coronéis cearenses continuariam os mesmos. Fazer conchavos com membros da administração municipal e aproveitar-se da natureza venal de algumas autoridades em postos essenciais da cidade eram privilégios que seu poder econômico sempre lhes havia facilitado.

Com certeza, a intromissão do coronel Negromonte na vida dos moradores de Pacatuba tornar-se-ia ainda mais opressiva. Negromonte mostrara-se demasiado fervoroso em defender a causa de Franco Rabelo. Ele foi, talvez, o mais esforçado colaborador do Tenente Antônio de Souto Maior e aquele que mais se utilizou dos desatinos da entidade apelidada de "Lenços Encarnados". Mesmo com o fim da guerra, o fantasma de Negromonte perseguia os pequenos agricultores de Pacatuba que temiam um novo surto de suas ações predatórias.

No entanto, todo aquele estilo de vida faustoso, aquela conduta prepotente que tão bem caracterizava Negromonte, tudo iria se esfacelar em apenas algumas frações de segundo.

É o dia da volta ao Cariri do vitorioso Batalhão de Juazeiro. Fora avisado que a composição que os transportaria teria que fazer parada obrigatória em Pacatuba. Essa pausa providencial para o abastecimento do trem ensejou que combinassem breve visita ao coronel Negromonte.

É meio-dia na Fazenda Morada dos Gaviões. Alguém que aprendera a odiar a impunidade e corriqueiramente ouvia vozes concitando-o a jamais esquecer a vingança avizinhava-se da casa do coronel. Como não tinha Militão familiaridade alguma com os caminhos que levavam à casa de Negromonte, aceita a companhia de Filisteu. Atravessam a porteira. Aquele fazendeiro jamais poderia adivinhar, mas por ter sido considerado o inimigo mais execrável dos agricultores de Pacatuba, os dados que regiam seu destino foram irreversivelmente lançados. Nunca mais tripudiaria sobre a miséria dos menos afortunados.

Depois de atravessarem a cancela, Militão e Filisteu dirigem-se para o alpendre da casa de Negromonte. A sesta inadiável do meio-dia era hábito sacramentado do coronel. No mesmo instante em que reconhece Filisteu, num ímpeto, levanta-se da rede. Sua natureza truculenta logo sinaliza que terá que sair daquela situação imprevista:

– *Filisteus*?... Veio me visitar, rapaz?... Se achegue. Sente-se ao meu lado. O senhor, seu *Filisteus*, será sempre bem recebido! Agora os tempos são outros... Terminada a guerra, o costume diz que as rixas são também enterradas e uma nova vida começa...

Falava enquanto pensava um jeito de alcançar o fuzil. Era manhoso, sabia se utilizar de ardis. No instante em que estende a mão para valer-se da arma, a voz de Militão o inibe:

– Nem ouse, coronel... Deixe onde está seu fuzil!

– Quê?!... *Filisteus*, quem é esse homem?!... Saiam de minha propriedade! Chame ele e saiam de minha propriedade!... O senhor sabe com quem está se metendo?!... Diga a ele, *Filisteus*...

Calmo, racional, o próprio Militão lhe responde:

– Não, coronel... Deixe Filisteu, sei de sobra quem é o senhor e com quem estou conversando!... Na verdade, o assunto hoje será somente entre eu e o senhor. O que de agora em diante acontecer será somente ato meu, reprimenda de minha parte. Deixe de lado Filisteu.

Faz pausa, silêncio que dura somente fração de segundo. Militão está no comando. Sua fleuma e autoconfiança causam impacto em um Negromonte flagrantemente surpreendido. Por ter sido um homem constantemente adulado, engrandecido e resguardado pelo título de coronel, não concebe a ideia de não ser respeitado por todos que o rodeiam. Sua desestruturação é visível. Por seu lado, Militão encontra-se estranhamente sereno. Com voz audível, faz perguntas que encurralam o coronel. Sabia do efeito psicológico de cada palavra, de cada reticência, de cada gesto ou sinal. É frio. Comedido. Meticuloso.

– Coronel... O senhor se lembra de cinco pessoas presas por seus "Lenços Encarnados" e enviados a Maranguape, ordem expedida pelo senhor? Pois bem: essa ordem foi considerada uma dívida pessoal não só a eles, mas a mim e um grande agravo ao povo de Pacatuba... Dívida que hoje vim pra cobrar. Não tome como punição de guerra, que até caberia, mas como coisa minha, reprimenda de minha parte, ato inteiramente pessoal meu!

Os moradores da região já tão espezinhados e massacrados pelos infortúnios da vida e pela inoperância das autoridades policiais, finalmente haveriam de conhecer seu herói.

Dois tiros cessam quaisquer futuros conchavos e maldades do coronel Negromonte.

Filisteu e Militão Vidigal deixam calmamente a Fazenda Morada dos Gaviões. Eles se dirigem ao trem que instantes depois emite um longo e característico apito anunciando a partida. A maria-fumaça reinicia seu resfolego. Partem para casa os orgulhosos do Batalhão vitorioso de Juazeiro. Dias de paz os aguardam. Estavam exultantes porque acabavam de escrever um capítulo glorioso na História do Ceará.

A punição ao coronel Negromonte fora discutida e acertada por Militão e Zezé da Galileia, na presença dos homens de Pacatuba, logo que se encerrara o conflito.

A incursão à Fazenda Morada dos Gaviões alcançara o resultado esperado. No dia seguinte, a notícia percorre as ruas de Pacatuba. Militão encerrara a seu modo a guerra a que havia aderido ao conhecer Padre Cícero. A vingança contra o coronel Negromonte ele dedicara aos companheiros pacatubenses e fora a última morte que registrara na coronha cor de canela de seu envelhecido fuzil.

ASSASSINATO DE DELMIRO GOUVEIA

Ano de 1917. Juazeiro ainda vive seu festivo e bem merecido pós-guerra.

Passaram-se três anos dos conflitos que haviam abalado o Vale do Cariri. Floro Bartolomeu vai solidificando seu nome. Expande sua fama para além dos limites conhecidos da política nacional. Por seu lado, Padre Cícero torna-se definitivamente o líder temporal e espiritual de Juazeiro e o padrinho dos invisíveis, esmorecidos e miseráveis. Os sertões carbonizados do sul do Ceará assistem diariamente a passagem por suas veredas de centenas de peregrinos.

Militão Vidigal agora reside na casa de Padre Cícero. Seu auxílio à beata Mocinha torna-se ainda mais efetivo. Ela cuida das carências de ordem econômica, dos banquetes ocasionais, das visitas diárias de sertanejos que procuram o auxílio de seu padrinho. Conhecendo como ninguém aquela moradia, pois ali convivia desde tenra idade, a beata transformara-se numa espécie de factótum do sacerdote. Ambos, Mocinha e Militão, serão aqueles que mais irão auxiliar Padre Cícero no período doloroso de sua doença e estarão ao seu lado em 1934, na triste data de seu desenlace.

Naquele ano de 1917, centenas de romarias continuam a ser descarregadas diariamente na frente da igreja matriz. Há cânticos e ladainhas por ruas, largos e praças de Juazeiro. Entretanto, algumas tristezas não puderam ser evitadas. A morte de Maria de Araújo, por exemplo, em 1914, e a grande carestia de 1915, que resultou do flagelo intitulado de "seca do quinze" que semeou miséria nos baixios ensolarados do sul cearense.

Chega agosto de 1917. Através de amigos, Padre Cícero empenha-se em ajudar a achar os batistérios de Vadim e Grandinha. Três meses depois, já publicados os banhos, aquele que fora o menino-guia do ceguinho Celibato contrai matrimônio com a neta do velho Setentrião. Dá-se o casamento numa cerimônia simples, na igreja de Nossa Senhora das Dores, onde são vistos cantadores, pedintes e vendedores de objetos votivos. Meses depois, Vadim e Grandinha, com o apoio de Padre Cícero, encaminhar-se-iam ao sítio Baixa Dantas para viver na comunidade agrícola-religiosa de José Lourenço. Mesmo morando distante, jamais deixaram de procurar Juazeiro para visitar seu padrinho.

Outubro de 1917. Enfim, uma relativa harmonia ia tomando conta do Vale do Cariri. Uma notícia, entretanto, de natureza desoladora trazida do Estado das Alagoas embota as ruas de Juazeiro: o assassinato de Delmiro Gouveia. Assim que a notícia chega ao Vale do Cariri, os sertanejos entristecidos partem para Juazeiro em busca de consolo ao lado de Padre Cícero.

REUNIÃO DE PESAR

Matriz de Nossa Senhora das Dores. Três dias após a morte de Delmiro Gouveia.

Na esplanada da igreja, reúnem-se centenas de peregrinos. Aqueles sertanejos haviam chegado de longe, galvanizados por um excruciante sentimento de perda e unidos por um objetivo comum: ver Padre Cícero e ouvir as palavras de despedida em honra do amigo assassinado em circunstâncias tão adversas.

Enquanto aguardam o sacerdote, o ceguinho engendra improvisos que relatam feitos do homem que se tornara o amigo predileto de Juazeiro. A esplanada da igreja matriz acabara se transformando em um ponto importante de convergência para os sertanejos do Vale do Cariri, tanto para os dias de guerra quanto para os tempos de paz. Era lá que compareciam para compartilhar alegrias ou externar suas dores.

Delmiro Gouveia havia sido baleado em frente ao chalé onde residia na Vila de Pedras, em Alagoas. Deu-se a emboscada na noite do dia dez de outubro. O Brasil choraria essa morte. O ano de 1917 ficaria marcado pelo sentimento de revolta, impotência e pesar causado pelo homicídio.

Ele havia nascido em Ipu, localidade relativamente próxima a Juazeiro. Como raramente acontece, tinha conseguido emergir do substrato da pobreza mais exaurida encontrada nas áreas rurais das pequenas cidades interioranas. Ao alcançar a maioridade sai de casa e é visto mais tarde já como vendedor itinerante em algumas cidades de Pernambuco. Anos depois, encontra-se residindo em Vila de Pedras, localidade pertencente ao Estado de Alagoas. Nesta região, nas primeiras décadas do século vinte, já se sobressai como pioneiro no ramo da indústria de linhas de coser. De vendedor de quinquilharias passara a empresário progressista, porém, ao desafiar o monopólio de um poderoso grupo estrangeiro, acaba pagando por sua audácia.

Delmiro Gouveia, até ser assassinado, estendera os benefícios de sua fábrica a centenas de famílias carentes. Os sertanejos daquela região do Nordeste haviam se acostumado a tê-lo nas épocas de grandes agruras. Tinham aprendido a amá-lo e admirá-lo, razão do clamor exacerbado com que receberam a notícia de seu homicídio. Logo fora dito – sempre aos sussurros – que as balas que o abateram partiram de armas alugadas pelo truste inglês. Anos depois, em uma ação lastimável – lembrete loquaz a quem ousasse desafiar o monopólio estrangeiro –, o mesmo grupo precipitaria no leito rochoso da cachoeira de Paulo Afonso todo o maquinário da fábrica que pertencera a Delmiro Gouveia.

Era custoso acreditar, melhor dizendo, era custoso aceitar sua morte. Em Juazeiro, milhares de admiradores comparecem à igreja de Nossa Senhora das Dores para juntamente com Padre Cícero lamentar a perda do conterrâneo.

O ÚLTIMO PRESENTE DO IPUENSE A PADRE CÍCERO

Duas semanas antes da morte de Delmiro Gouveia, um de seus vaqueiros, o senhor João Cavalcante, chega à cidade de Juazeiro. Está à procura da residência de Padre Cícero. Esse vaqueiro trazia alguns agrados para o sacerdote, dentre eles um bezerro, cuja serenidade logo chama a atenção de Mocinha. João Cavalcante havia rompido alguns dias debaixo de sol escaldante e enfrentado uma poeira vermelha bastante comum naquelas estradas rurais. Ao passarem pelo centro de Juazeiro em busca da casa de Padre Cícero, vaqueiro e bezerro apresentavam uma cor ocre-avermelhada difícil de ser removida. Ao chegar à residência do sacerdote, Mocinha dá ao visitante o melhor de sua atenção. Deixa-o ciente, no entanto, da ausência de Padre Cícero o que o faz olhar para ela completamente descrente, sua decepção é flagrante:

– Padre Cícero não está?... A senhora está me dizendo que meu padrinho não se encontra em Juazeiro?... *Homem*, não diga isso não, dona Mocinha! Não diga uma loucura dessas não. Penei tanto nessa empreitada... Bem, dona Mocinha, sou o vaqueiro João Cavalcante e, como já falei pra senhora, represento Delmiro Gouveia, das Alagoas.

Depois de apertar a mão de Mocinha, aponta para o bezerro irremediavelmente tingido pela poeira vermelha:

– A senhora está vendo aquele novilho? É Lenço Branco. Para dona Mocinha ter ideia, esse novilho, dona Mocinha, quando saímos da Vila de Pedras nas Alagoas era alvinho que nem toalha de renda... É um presente de Delmiro Gouveia ao meu padrinho e ao povo de Juazeiro...

Mocinha vira-se para o novilho e vendo aquele olhar bonachão de boi apaziguado e feliz, vendo aquela amigável aceitação em sua postura, pergunta ao extenuado viajante:

– O senhor disse Lenço Branco, *seu* João Cavalcante? Não seria apropriado chamar esse novilho de Mansinho? É tão sereno esse animal. *Seu* João se importa se em vez de Lenço Branco eu chamá-lo de Mansinho? Padre Cícero irá ficar é impressionado quando voltar. Tenho certeza que gostará de Mansinho.

Seria o último presente de Delmiro Gouveia ao povo de Juazeiro. Quanto a Mansinho, entraria para as lendas criadas em torno dos agricultores-penitentes como o boi encantado que, por ter sido bafejado pelos poderes de Padre Cícero, chegaria a operar inúmeros e inexplicáveis prodígios.

A LENDA DO BOI ENCANTADO

Depois que o sacerdote chega a Juazeiro, vê Mansinho, acaricia-o e decide que o enviará ao sítio Baixa Dantas, onde Vadim e Grandinha cuidarão dele com o máximo de boa vontade.

Passado pouco tempo, a comunidade começa a relatar centenas de graças alcançadas, mercê, segundo falavam, do poder e dos merecimentos de Mansinho que fora santificado pelas mãos consagradas de Padre Cícero. Beata Violeta seria a devota que mais concorreria para espalhar a notícia da natureza divinizada e especial do garrote. Até sonhara com ele. Vira-o entre miríades de Querubins e plainando angelical sobre a superfície dourada de uma cadeia de nuvens. A morte do animal ocorreria em 1926. Fora abatido por ordem de Floro

Bartolomeu, cuja explicação fora que tentava livrar Padre Cícero de aborrecimentos futuros.

Há outra versão, no entanto, para o destino de Mansinho, essa já no terreno maravilhoso e rarefeito das lendas que circulavam pelo Vale do Cariri. Segundo essa vertente, Mansinho fora visto, depois da selvageria impetrada aos membros do Caldeirão, portanto, já em 1937, seguindo beato José Lourenço pelas veredas de Pernambuco.

PROJETO UTÓPICO DE JOSÉ LOURENÇO

Estamos no ano de 1926. Conheçamos, embora sucintamente, alguns aspectos desse sertanejo, seguidor entusiasta de Padre Cícero. Vejamos como surge a comunidade que se inicia no sítio Baixa Dantas e que completa seu desenvolvimento no Caldeirão da Santa Cruz do Deserto, bucólica localidade dentro do município do Crato.

No ano de 1894, José Lourenço Gomes da Silva, nascido em Pilões de Dentro, na Paraíba, aparece pelo Vale do Cariri com uma vontade imensa de praticar a caridade cristã. Como um novo João Batista, traz por bens um surrão e uma velha enxada às costas. Estabelece-se inicialmente em uma casa de pau a pique no sítio Baixa Dantas e aquela vida de agricultor, de asceta, aquela sua serenidade e abnegação extraordinárias, frente tanto aos portentos dos Céus, quanto às carências materiais, logo começa a atrair a atenção dos sertanejos. De repente, vão chegando, um após outro, aqueles infelizes abandonados, também com suas enxadas às costas e se fixam ao seu redor. Eram retirantes desaguados em Juazeiro, imantados pela força que emanava de Padre Cícero.

A aprovação por parte do sacerdote daquele empreendimento inovador deveu-se em grande parte ao sistema de coletivização e divisão igualitária de seus resultados. Em vista disso, Padre Cícero começa a encaminhar ao sítio Baixa Dantas aqueles martirizados sertanejos que o procuravam diariamente em busca de lenitivo. Eram pobres esvaziados de qualquer esperança e que fugiam das áreas de grande escassez de alimentos. Foram desalojados do sítio Baixa Dantas quando já formavam uma comunidade razoavelmente coesa.

Assim, neste ano de 1926, eles ressurgem em uma propriedade cedida por Padre Cícero: a fazenda do Caldeirão da Santa Cruz do Deserto. Nessa localidade, o projeto agrícola-religioso do beato sonhador desenvolve-se com muito mais abrangência. Em seu ápice chagaria a abrigar quase dois mil moradores.

A MORTE DO RABEQUISTA

Enquanto no Caldeirão os agricultores-penitentes estão vivendo aquela socialização exemplar, as areias do Vale do Cariri vão sendo repisadas por milhares de peregrinos. Pelas ruas de Juazeiro há euforia, cânticos e procissões. Entra o ano de 1930 e vai transcorrendo numa paz razoável. Porém, numa manhã de setembro, quando comemoravam o dia da padroeira, espalha-se uma grande tristeza pelas estradas do Cariri. Era a notícia que dava a morte de José Celibato, o ceguinho cantador, acontecida no átrio da igreja matriz.

Naquela manhã, ele não dá descanso à rabeca. Repete "astúcias", tece loas, rende preitos e o objeto de sua cantoria é a homenageada da festa, Nossa Senhora das Dores. Apesar de quase centenário, José Celibato ainda continua a levantar multidões. Os sons de seu instrumento e a agilidade em construir improvisos tornaram-no conhecido não somente em Juazeiro, mas em todo o grande sertão cearense.

Mas como andava Juazeiro por aqueles dias?

O nome de Padre Cícero e a fama de Juazeiro como cidade sagrada e terra onde se realizavam prodígios ainda são fatores de atração permanente para milhares de nordestinos.

Em 1926, Padre Cícero havia sido eleito deputado federal e era um dos políticos mais atuantes daquela região do Nordeste. A miséria dos sertanejos configurada nas arribações sucessivas ainda é uma realidade diária. Nesse ano de 1930, Padre Cícero apresenta-se aos pobres que o procuram como uma tábua de salvação; é o padrinho que viera para resgatá-los do limbo do sofrimento. Não sentem assim os opositores de Padre Cícero. Para esses, Padre Cícero não passa de mero manipulador que ao mesmo tempo em que encanta a massa de peregrinos circula com naturalidade entre fazendeiros, políticos e oligarcas.

A ÚLTIMA CANTORIA

Dia 15 de setembro de 1930, festa da padroeira.

Nesta que será a melancólica manhã da morte de José Celibato, ele se esmera tecendo improvisos. Porém, apesar do ambiente festivo, há prenúncio de tristes acontecimentos no ar.

São oito horas da manhã. Depois das loas em honra à Mãe das Candeias e depois de algumas "astúcias" para chamar a atenção dos ouvintes, uma senhora cratense, dona Maria Divina Café, que viera para a missa das nove, joga uma moeda na bacia do cantador. Faz-lhe um pedido. Diz querer ouvir os versos intitulados "O Amor Leal de João de Calais a Constança, princesa do reino de Sicília"[18].

Naquele momento, somente os fados o sabiam, mas seria a última vez que ouviriam os improvisos de Celibato.

18 Romance de origem europeia, talvez oriundo de Portugal, cujos primeiros registros foram atribuídos à francesa ***Madalena Angélica Poisson****, a* ***Madame Gómez****.*

A TOADA QUE CONTA A HISTÓRIA DE JOÃO DE CALAIS E CONSTANÇA

O ceguinho se volta para a solicitante, dona Maria Divina Café, agradece as moedas, empertiga-se e ajeita no ombro a rabeca. Por ser uma toada triste, exige-lhe concentração. Narra o reencontro dos noivos João de Calais e Constança separados por uma trama criminosa executada por Florimundo, príncipe do reino de Sicília. Desde a adolescência, Florimundo, que era primo de Constança, nutrira amor oculto por ela e via em João o único empecilho para sua felicidade.

Uma semana antes do casamento da prima, Florimundo arquiteta um plano. Convida o noivo para uma viagem de navio e ao se encontrarem em alto mar, num ímpeto criminoso, lança-o no meio do oceano.

Por três horas, João luta contra as águas. As ondas, porém, o empurram para terras distantes, onde em um deserto solitário irá passar os próximos dois anos de sua vida.

Crente da morte do rival, Florimundo volta ao castelo. Expõe à princesa, numa história de antemão cuidadosamente elaborada, o infortúnio de João, escondendo as reais circunstâncias de seu desaparecimento.

UMA "PANTOMIMA" [19] *APARECE A JOÃO DE CALAIS*

Passam-se dois anos. João de Calais ainda se encontra vagando solitário na imensidão do deserto. As saudades de sua noiva o deprimem. Porém, numa tarde, quando achava que tudo estava perdido, vê materializar-se à sua frente uma estranha criatura. Ao tomar forma humana, ela lhe afirma possuir poderes mágicos e assegura ser capaz de transportá-lo a qualquer lugar por mais distante que fosse. Depois de algumas considerações, fazem obscuro trato e tênue flama de esperança começa então a brilhar para João.

O cego inicia a toada. Os primeiros versos já mostram João de Calais sendo conduzido em voo mágico para o reino de Sicília:

E nisso João sentiu
Nos olhos grande fraqueza
Foi transportado dormindo
Para ver sua *prencesa*
João acordou em Sicília
Foi importante a surpresa.

19 A expressão "a pantomima que apareceu a João de Calais", passada ao autor por ***Marlene Noronha*** *que ouvira de sua mãe, a senhora* ***Maria José de Noronha****, despertou-lhe a atenção para uma história de além-mar aportada no Brasil e narrada por cantadores como o* ***ceguinho Oliveira****, rabequista de* ***Juazeiro do Norte/CE****.*

No castelo, está acontecendo uma memorável festividade. É o dia das núpcias de Constança com o príncipe Florimundo. O pai a aconselhara a se casar com o primo, pois desconhecia a verdade sobre o desaparecimento de João e toda a maldade que o príncipe trazia oculta na alma.

O cego vai narrando com voz estrangulada, porém bastante audível, o retorno do noivo. A rabeca se desdobra. Acordes melódicos são espalhados pelos céus de Juazeiro. Os versos seguintes já anunciam João entrando furtivo no palácio de Constança. Encontra-se em plena falência física, fruto de anos de sofrimento:

João chegou a Sicília
Parecendo o satanás
Sujo, rasgado, imundo
Cabelo grande demais
Não tinha ali quem dissesse
Que fosse João de Calais.

Atravessa fossos e ameias e vai à cozinha. Disfarçando-se, pede para trabalhar em troca de comida e ao levar água a alguns aposentos da casa real, depara-se com Isabel, prima de Constança. Por sua vez, Isabel o leva ao quarto de Constança, que ao vê-lo, abraça-o e ambos choram de felicidade.

A princesa imediatamente o conduz à sala do trono, onde o pai se encontra em audiência com o príncipe. Florimundo paralisa-se. Percebe seu mundo ruir; não ousa sequer encarar os presentes.

Constança disse "meu pai
Este é o João de Calais
Que eu já tinha por morto
No oceano voraz
Agora fique ciente
Que eu não me caso mais."

A verdade é revelada e o pai de Constança, que somente naquela hora fica conhecendo a verdadeira natureza do príncipe, penitencia-se perante a filha. Aproveita o banquete e em vez de Florimundo, que é enviado à masmorra, reafirma o noivado de Constança com João de Calais, que se casam e vão desfrutar das primícias de um amor verdadeiramente leal.

A MORTE DO CANTADOR

A história de João de Calais emociona os juazeirenses. Ao término da toada, os transeuntes cercam o ceguinho, querem parabenizá-lo pela grandeza de sua arte. Conta-se que antes da missa, ainda o escutam recitar os versos que faziam parte da mais inesquecível de suas "astúcias":

Nunca vi a luz do dia
Jamais padeci desamor
Carrego aqui na memória
Sete livros de oratória
Sete cartas de Isabela
Sete iluminuras singelas
Com sete cantigas de amor.

"Sete Cartas de Isabela"... Como chegara ao conhecimento daquele rude cantador nordestino que Isabel, a rainha espanhola, monarca e mecenas dos menestréis da Península Ibérica, havia escrito sete cartas de amor ao príncipe de sua afeição, Carlos V, futuro imperador do Sacro Império Romano-Germânico? Era como se o ceguinho já tivesse vivido em todos os tempos e em todos os reinos da terra. É talvez por isso que se fôssemos eleger uma trilha sonora para a passagem dos rabequistas pelos sertões do Cariri seriam as toadas e os sons agrestes desse improvisador e memorizador competente.

O que se conta é que depois do último acorde, ele deposita no solo a rabeca e tendo a igreja como testemunha, do jeito mais simples e plácido possível, pende sobre a calçada e falece.

Alguns romeiros que apreciavam a cantoria ainda correm para acudi-lo. Porém, já era tarde, não havia mais nada a fazer. A longevidade tinha limites. Deus tivera dó e o levara, conforme nos últimos anos cantava. As praças de Juazeiro perdiam sua melhor referência.

Vadim e Grandinha, que se encontravam no distante Caldeirão, recebem a notícia naquela mesma manhã. Quando chegam a Juazeiro, juntam-se a Militão e vão providenciar as honrarias para um sepultamento decente. O ceguinho é enterrado, não em rede trivial e grosseira, conforme era uso entre as pessoas sem posses da época, mas em caixão encomendado, construído na mais nobre madeira de lei e com arabescos em alto relevo.

Na missa de sétimo dia, na liturgia da palavra, um cantador amigo de Celibato pede licença ao celebrante e constrói alguns improvisos de despedida. Aproveita a presença de Padre Cícero para glosar um dos motes mais apreciados pelo sacerdote: "*Nunca vi a luz do dia, jamais padeci desamor...*" Quando o ato litúrgico termina e saem para a esplanada, os juazeirenses encontram-se ensimesmados e silenciosos. Nunca que o átrio da igreja matriz de Nossa Senhora das Dores lhes parecera tão vazio e tão destituído de vida. Com a morte do rabequista, os ventos que sopravam do Horto agora transportam somente tristes sussurros. Juazeiro calou seus cantares. Há menos polifonia na praça, menos riqueza sonora. Durante todo o restante daquela semana, pregões e cantorias cederam lugar ao silêncio.

OS ÚLTIMOS DIAS DE PADRE CÍCERO

Chegamos à parte final desta história. Desobedecemos muitas vezes à lógica de uma cronologia linear, mas fora o que havíamos de antemão combinado.

Estamos no ano de 1934. É o período em que se agrava a doença de Padre Cícero, tempo em que a cidade de Juazeiro se vestirá de luto e celebrará sua própria quaresma de cinzas, desolação e saudades.

Treze de julho. Estamos a sete dias da morte do sacerdote. É meio-dia em Juazeiro do Norte.

No quarto em que vamos encontrar Padre Cícero, estão seu médico, o Doutor Mozart Cardoso de Alencar, Grandinha e aqueles dois anjos bons, cuja amizade ao sacerdote seria lembrada por todo o Vale do Cariri: beata Mocinha e Militão Vidigal.

Depois de ser examinado por Doutor Mozart[20], o sacerdote é notificado de que fora comprovada uma surpreendente

20 Segundo o jornalista Roberto Bulhões, até os momentos finais da vida, Padre Cícero foi assistido pelo médico Dr. Mozart Cardoso de Alencar. Padre Cícero foi vítima de Embolia Intestinal, doença antigamente conhecida pela população rural do Nordeste brasileiro como "nó nas tripas". Segundo ainda Roberto Bulhões, que ouvira do próprio Dr. Mozart, foram ministrados a Padre Cícero comprimidos de Leite de Magnésia de Philips, muito usados à época.

melhora em seu quadro clínico geral. Doutor Mozart está confiante. Durante a semana não parara de proclamar as benesses não de um novo e agressivo produto medicamentoso, mas de uma receita corriqueira que estava sendo agregada à meizinha familiar dos nordestinos da época: as pílulas de Leite de Magnésia de Phillips, cujo comércio se fazia em empórios, boticas e até em bodegas dos centros urbanos em todo o território cearense.

Naquela tarde, Doutor Mozart vira, enfim, abrandadas as complicações intestinais que na semana anterior tanto haviam martirizado seu paciente. Imputava, sim, essa melhoria ao novo medicamento que adotara. Mas Padre Cícero não se ilude. Para ele sua aparente melhora é apenas uma quimera, resultado das ilusões de quem não aceita a marcha irreversível das coisas. Aprendera a viver sobre bases realísticas. Já sentia os sinos da fraqueza repicarem por seus neurônios, mercê dos acometimentos diários. Nos últimos meses, as crises vinham e voltavam e os achaques o açoitavam em arremetidas constantes. Além da cegueira e das intermitentes dores na nuca, resultado da constipação e das erosões de uma estrutura molecular já senil, as frequentes recaídas evidenciavam o óbvio para o martirizado religioso: sua jornada na terra já se encontrava a cavaleiro do fim. Em seu foro íntimo, Padre Cícero já se convencera da exiguidade do tempo. Já via em seu poente os últimos sóis se apagarem, daí se preparar para seu devir melancólico.

Naquele dia, Grandinha viera a Juazeiro para uma breve visita a Padre Cícero. Deveria retornar logo que o deixasse a par das novidades que trouxera do Caldeirão. Porém, como encontrara em Juazeiro beata Mocinha e Militão Vidigal penosamente assoberbados de atribuições, resolvera permanecer na cidade. Sua ajuda revestir-se-ia de grande importância durante toda aquela traumática semana. Amava seu padrinho, tinha apreço por Mocinha e pelo amigo Militão Vidigal. Ficaria em Juazeiro, pois dada as dificuldades acarretadas com o acirramento da doença do sacerdote, os dois necessitavam desesperadamente de seu auxílio.

BEATO JOSÉ LOURENÇO NA MIRA DAS AUTORIDADES

Deixemos por um momento o quarto de Padre Cícero. Vejamos como se deu o declínio do projeto comunitário do beato paraibano que no sítio Baixa Dantas e mais ainda na fazenda Caldeirão havia alcançado extraordinário progresso. Quando em 1926 a comunidade é expulsa do sítio Baixa Dantas, Padre Cícero se coloca à disposição de José Lourenço, cedendo-lhe uma de suas propriedades, a fazenda situada no Caldeirão da Santa Cruz do Deserto.

A comunidade se estabelece, então, naquela fazenda ainda mais motivada. Caldeirão torna-se o sonho dos arribados, daqueles que vão chegando a Juazeiro somente com uma enxada às costas. Em sua fase de maior pujança, chega a receber quase dois mil moradores.

É nessa altura que se inicia a perseguição oficial organizada pelas autoridades cearenses e tudo sairia dos trilhos depois da morte de Padre Cícero. O povoado do Caldeirão ver-se-ia atacado por forças enviadas pelo então Governador do Estado, o senhor Francisco de Meneses Pimentel. Havia total desprezo do poder público por aqueles sertanejos que só desejavam trabalhar e organizar procissões. O primeiro ataque à comunidade dar-se-ia em 1936. Naquela ocasião, muitos seguidores de José Lourenço conseguiriam fugir, embrenhando-se no interior de uma floresta. Mas, no ano de 1937, os soldados estariam de volta e desta vez bem mais motivados. Seria o segundo e definitivo ataque. A ordem era não deixar qualquer vestígio da passagem dos penitentes de José Lourenço pelo Vale do Cariri. Caldeirão deveria ser varrido definitivamente do mapa.

Historicamente seria ali, na fazenda Caldeirão, naquele aziago ano de 1937, que pela primeira vez no Nordeste brasileiro aviões seriam utilizados para fustigar populações indefesas. Resguardadas as devidas proporções, a falta de humanidade para com aqueles sertanejos iria suplantar tudo o que fora praticado contra os adeptos de Antônio Conselheiro no episódio da destruição final de Canudos.

No dia do último ataque, alguns agricultores ainda conseguiriam escapar, graças à diligência de Militão Vidigal, auxiliado por Vadim e Grandinha. Os três companheiros chegariam a esconder na Mata dos Cavalos, numa floresta nas encostas do Araripe, o beato José Lourenço juntamente com algumas dezenas de seguidores.

Porém, antes da descrição detalhada desse massacre, voltemos ao ano de 1934. Estamos na semana da morte de Padre Cícero.

É visível a recuperação do sacerdote naquele treze de julho. A satisfação acaba por tomar conta de todos. Grandinha sorri. No entanto, uma frase dita por seu padrinho tem a força de deixá-la amargurada. Foi numa hora em que o sacerdote discorrera sobre as alegrias da vida. Fizera-o com voz entristecida, tom saudosista, talvez sucumbido por um desânimo interior que fugira de seu controle. Mas esse desânimo não acometera o próprio Jesus Cristo quando do sacrifício no Gólgota exclamara "Deus, meu Deus, por que me desamparaste"? Segundo depoimento de Grandinha, Padre Cícero havia sussurrado: "Oh Deus! Como vai ser doloroso deixar meus romeirinhos e minha pobre Juazeiro que presenciei se libertar e crescer!" A seguir, menos amargurado, afirmara não sentir nenhum temor pela morte, mas sim, imensas saudades da vida e um dó profundo de deixar seus "romeirinhos" na orfandade.

Quatorze de julho de 1934. Seis dias antes da morte de Padre Cícero.

Mais uma tarde de otimismo é vivida na casa do sacerdote. Padre Cícero conversa sem dificuldades, está bem, o que enche Doutor Mozart de confiança. Constatada mais uma vez a melhora no quadro clínico do sacerdote, Doutor Mozart encerra a visita, fazendo as recomendações rotineiras a Mocinha, principalmente aquelas de natureza profilática e quanto à posologia do medicamento que ela deveria ministrar a seu paciente. O estado geral que apresenta Padre Cícero deixa o médico tão esperançoso que na volta para o consultório, transforma-se em mensageiro orgulhoso e começa a apregoar a boa nova pelas ruas por onde passava.

Com a saída do Doutor Mozart, Grandinha, Militão e Mocinha ficam assistindo Padre Cícero. Militão Vidigal e Mocinha vêm permanecendo diuturnamente ao seu lado. Ministram-lhe os medicamentos, cuidam de seu asseio, mudam-no de posição. Os dois haviam-se transformado, de fato, em enfermeiros misericordiosos, o que lhes granjeara a estima e o respeito dos devotos de Padre Cícero. Costumava o sacerdote chamá-los de "os meus dois cuidadosos enfermeirinhos", numa tentativa de mostrar-se bem-humorado.

Convém que relembremos a origem desses dois anjos bons, notórios em todo o Cariri por sua abnegação ao sacerdote e em quais circunstâncias se tornaram tão próximos de Padre Cícero. Saibamos igualmente como se comportavam os moradores de Juazeiro naquela apreensiva semana.

Mocinha, cujo nome de batismo era Joana Tertulina de Jesus, viera morar na residência de Padre Cícero ainda na adolescência. Isso acontecera porque devido a uma imposição alheia à sua vontade, a família tivera que se transferir da comarca. Mesmo amando os pais, Mocinha, na época, com apenas onze anos de idade, resolvera ficar em Juazeiro, pois era seu desejo dedicar-se à caridade cristã e assim ajudar no apostolado de seu padrinho. Aos olhos de Mocinha, Juazeiro havia se transformado em messe bíblica perfeita, um pedacinho de Céu, um lugar abençoado onde se realizavam milagres. Como já sonhava em viver experiências espirituais iguais às que vivera Maria de Araújo, não quisera deixar a companhia de seu padrinho, nem se afastar da cidade que tanto já lhe dera alegria. Obviamente que essa sua resolução passara pelo vezo tanto do sacerdote quanto de seus pais adotivos. Abençoada com a aprovação da família, nunca mais deixaria a casa de Padre Cícero. Quanto a Militão, ele assistia o sacerdote desde o ano de 1913, época em que emergira do sertão, de fuzil ao ombro, escondendo um currículo medonho, depois de ter aderido ao regime da pistolagem e de ter vagado por terras onde enxameavam jagunços. Militão tornara-se um valete importante no projeto guerreiro de Floro Bartolomeu. Não só se fixara em Juazeiro, mas no período pós-guerra, quando o Ceará voltara às mãos de antigas oligarquias, convertera-se em empregado doméstico e zelador abnegado dos interesses da casa de Padre Cícero. E é com essas atribuições que o encontramos neste ano de 1934. Agora seus cabelos se resumem a raras e brancas carapinhas, mas sua disposição é a mesma.

Portanto, desde que Padre Cícero adotara Mocinha e alguns anos depois homiziara Militão, eles jamais deixaram de lhe servir com empenho. Eram atenciosos e diligentes, e todos aqueles que se encontravam agregados à paróquia de Juazeiro sabiam da imensa importância de ambos no tratamento do sacerdote. "Meus dois enfermeirinhos", era assim que afetuosamente Padre Cícero se referia a Militão e Mocinha, conforme o testemunho de Grandinha em 1935 ao bispo do Crato. Segundo Grandinha, Mocinha e Militão não se descuidavam do sacerdote e quase não se arredavam da cama. Nos dois últimos dias, desdobraram-se de tantos cuidados porque além dos males do intestino, Padre Cícero era acometido sem prévio aviso, durante o dia ou mesmo na madrugada, por severas complicações de natureza renal.

Mas, naquela tarde, com o prognóstico positivo dado por Doutor Mozart, todos ali começam a sentir uma indefinida sensação de leveza. Por entre as frestas do telhado, résteas de sol se infiltram, enxugando aquela misteriosa sensação de umidade própria das alvenarias insalubres encontradas nas casas de Juazeiro. De repente, na residência de Padre Cícero pequenas alegrias conseguem ser exteriorizadas sem remorso algum, até mesmo no quarto em que se encontra o enfermo. Há risos, ainda que contidos; gestos leves, nada, porém, em demasia. Contam que todos que se encontravam ao lado do sacerdote, naquele quatorze de julho, mostravam-se alegres e confiantes. O prognóstico do Doutor Mozart para aquele fim de semana fora suficiente para deixar Mocinha, Grandinha e Militão menos tensos. Havia, de fato, certa leveza e uma indefinida felicidade no ar.

Tornara-se senso comum que na semana que antecedeu a morte de Padre Cícero, houve algo como uma espécie de euforia benfazeja sendo descarregada generosamente sobre os telhados das casas de Juazeiro. Diziam que eram correntes aéreas de aragens agradáveis sopradas sobre a cidade, contrariando os ventos contra-alísios que disputavam as mornas colinas do Horto. Tal otimismo também fora relatado pelos romeiros que se postavam na esplanada da igreja e em frente à residência do sacerdote.

À medida que Doutor Mozart vai espalhando a notícia, os bons fluidos vão se propagando como uma leve fragrância entre os moradores de Juazeiro. Estaria de fato regredindo a doença do sacerdote? Doutor Mozart estaria mesmo no limiar da cura que tanto desejava promover a seu paciente? Ou aqueles comprimidos seriam apenas agentes placebos eficientíssimos agindo hipnoticamente, não sobre o enfermo, mas sobre a psique da massa de peregrinos que rezava em frente à igreja de Nossa Senhora das Dores, esperando um novo milagre dos Céus?

O curioso é que Padre Cícero se encontrava de fato visivelmente disposto, e essa fora opinião unânime de todos que o assistiram em sua última semana.

Naquela tarde, quatorze de julho, depois da saída do Doutor Mozart, Padre Cícero monopoliza a atenção de Grandinha. A conversa entre os dois iria girar em torno de um assunto deveras interessante, tanto para o sacerdote, quanto para a devota: o progresso da comunidade que florescera no Caldeirão.

Aquela comunidade há muito estabelecida no município do Crato estava em pleno processo de expansão. Lá praticavam um catolicismo popular e campestre, cujos ritos conservavam traços das procissões dramáticas do período medieval. Como havia acontecido no Baixa Dantas, Caldeirão logo se convertera em uma experiência agrícola-religiosa bem sucedida e chegara a beneficiar aproximadamente dois mil moradores. Padre Cícero dera sua bênção porque Caldeirão por ser uma fazenda com grande extensão territorial poderia abrigar os famintos que o procuravam, pessoas há muito esquecidas pelo Estado, gente sem perspectiva, sem terras, sem futuro, cuja única saída sempre fora voltar-se para o mundo espiritual. Foram se agregando à comunidade pessoas abnegadas como foi o caso de Vadim e Grandinha que depois de seu matrimônio lá chegaram recomendados por Padre Cícero.

O sacerdote pede informações a Grandinha sobre a saúde de beata Violeta, uma ardorosa ajudadora de beato José Lourenço e uma das primeiras sertanejas que se juntaram àquela gente de Deus.

É notável a disposição do paciente naquele quatorze de julho e admirável sua curiosidade. Nos últimos anos, sua preocupação pelo desenvolvimento espiritual e material da comunidade do Caldeirão fora por muitas personalidades da época severamente criticada. Padre Cícero não havia negado suas terras para os experimentos sociais do religioso paraibano, mesmo sabendo que eram projetos polêmicos. Sua alegria era poder ajudar através de José Lourenço aqueles sem posses que batiam à sua porta, pessoas sem nenhuma perspectiva de vida. E era justamente essa sua manifestação de apreço pelos menos favorecidos, muitas vezes até sem se importar com o curso que davam à sua religiosidade, que fazia de Padre Cícero um pastor de mentalidade ecumênica. "Se matou, não mate mais; se roubou, não roube mais", era somente o que exigia dos empedernidos que enviava ao Caldeirão. A grande influência do sacerdote no Cariri crescera e se solidificara exatamente por compreender desde o início de seu ministério os anseios e as necessidades das ovelhas de seu redil.

Mas, oh pobre sacerdote! O que nos consola é sabermos que ele não veria o melancólico fim a que seria submetido o projeto esperançoso sediado no Caldeirão. Em 1937, as autoridades de Fortaleza receberiam reforços do governo federal para a extirpação definitiva dos agricultores-penitentes, cujas famílias haviam se refugiado no interior da floresta no ataque do ano de 1936.

"A campanha para a extinção dos fanáticos do Cariri deverá ser concluída no menor prazo possível", rezava o texto do despacho oficial, de tom paranoico, enviado do Palácio do Catete. Esse documento refletia as amarguras do então Presidente da República, Getúlio Dornelles Vargas, que à época andava obcecado em encontrar e debelar intentonas.

Dar-se-ia esse segundo ataque em onze de maio de 1937 e os habitantes do Vale do Cariri jamais iriam esquecer. A mortandade iria tomar conta das casas que ainda eram usadas pelos remanescentes da comunidade. A carnificina se estenderia aos matagais das encostas do Araripe, onde se escondiam centenas de penitentes. Aproximadamente quatrocentos seguidores de José Lourenço pereceriam na ocasião.

Esse crepúsculo sombrio acontece, portanto, três anos após a morte de Padre Cícero. Antecipemos, então, a narração dessa tragédia. Revisitemos, pois, Caldeirão naquele dia de dores.

O FIM DOS AGRICULTORES-PENITENTES

É madrugadinha na localidade do Caldeirão da Santa Cruz do Deserto. Dia onze de maio de 1937. Soldados aproximam-se do povoado. O plano traçado em Fortaleza exigia a derrubada de todas as casas, casebres, igrejas e demais construções que sobraram da campanha do ano anterior porque a ordem do Governador do Estado era apagar definitivamente qualquer sinal da passagem de José Lourenço e sua comunidade pelo sertão do Cariri.

Militão chegara ao povoado na noite anterior. Havia saído da casa, onde assistiu em seus últimos dias Padre Cícero, com o coração oprimido. Despediu-se de Juazeiro e viajara ao Caldeirão convicto de estar se dirigindo para o ápice de um novo e extraordinário drama. Porém, encontrava-se estranhamente sereno. Desde que perdera o pai, nos idos de 1900, vingara-o e se embrenhara pelos sertões, a morte sempre fora uma possibilidade concreta.

Malgrado o denso cerco imposto pelos soldados ao Caldeirão, o velho ex-pistoleiro ainda conseguiria salvar dezenas de sertanejos. Para essa missão iria valer-se de Vadim e Grandinha. Logo nas primeiras horas da madrugada, conseguem retirar do povoado e esconder numa clareira da Mata dos Cavalos, floresta situada na divisa do Araripe, José Lourenço, as beatas Margarida Maria e Violeta, além de dezenas de outros devotos. Apresentara-se, desse modo, aos três companheiros a melhor ocasião para exercitarem o amor compassivo aprendido na convivência com seu Padrinho.

Durante todo o restante da madrugada, Militão, Vadim e Grandinha foram do local onde se processava a matança à Mata dos Cavalos. Por três vezes fizeram a perigosa travessia. Tocados por um admirável espírito altruísta, pensavam salvar o maior número possível de companheiros.

Na última viagem, vão descendo a ladeira devagarzinho. No povoado, a devassa promovida pelos soldados transforma-se em matança indiscriminada, cujo frenesi jamais poderia ser entendido. Em certo ponto da caminhada, Militão, Vadim e Grandinha deitam-se de bruços sobre a estrutura fria de uma pedra e com suas mãos em viseira olham a azáfama cruel dos soldados. Lá em baixo, há fumaça, correria. O que veem é tão doloroso que se torna difícil qualquer tentativa de descrever. Era a ferocidade humana se processando na acepção mais genuína do termo. Toda uma polifonia de sons aterrorizantes enxovalhava aquele terreno que antes fora uma fazenda voltada à convivência pacífica. Ali, praticava-se o amor fraternal, o trabalho cooperativo, a manutenção de suas crenças. Agora, não mais era aquele lugar plácido, aquela estância bucólica que fora abençoada por Padre Cícero. Para aqueles três observadores, a visão dantesca é piorada pela sensação avassaladora de se sentirem impotentes.

Caldeirão pela segunda vez arde em chamas. Homens, mulheres, dentre eles crianças e anciões, tentam romper o cerco, mas logo são abatidos. A visão que se tem é insuportável. Grandinha assiste petrificada. Pobres olhos que tão somente podem observar! Pobres pés! Pobres mãos cuja função está relegada a somente servir de viseira! Vadim não se conforma, quer descer a ladeira, sua alma está em chamas. Procura levantar-se. Militão, no entanto, sempre fleumático e racional pede a Grandinha que retenha o marido. Lá embaixo, as mortes se sucedem, o clarão dos disparos encandeia Grandinha, cuja mente descompensada começa a buscar razão onde tudo se resume numa insensatez sem limites. Mas nada há a fazer. Grandinha abraça Vadim, obrigando-o a permanecer ao seu lado. Ambos choram. Vadim é tomado por emoção e pesar. Sente dó da esposa. Olha-a, vê seus olhos lacrimejantes e lembra-se do dia mágico em que a conhecera, da tarde inesquecível em que começaram o namoro. Quando a vira, apaixonara-se e nunca mais se sentira sozinho.

A PAIXÃO PRECOCE DE VADIM E GRANDINHA

Vadim e Grandinha tinham sido os namorados mais jovens, firmes, constantes e dedicados que os moradores de Juazeiro tiveram a alegria de conhecer. Haviam sido adotados por mendigos, vendedores de objetos votivos e cantadores; enfim, celebrados por aquela casta de invisíveis que circulava em frente à igreja matriz de Nossa Senhora das Dores.

O primeiro contato de Vadim com Grandinha deu-se em um momento absolutamente reservado e inesquecível, numa tarde mágica de março do ano de 1911. Ambos tinham apenas treze anos de idade. Vadim que fora contratado por Celibato, o ceguinho cantador, prestava seu primeiro serviço como menino-guia. Naquele dia, depois que atravessaram os baixios do Socorro e caminhavam pelas veredas de uma colina nas proximidades do Horto, uma canção é ouvida. O timbre é feminino. Fora como se uma cortina se abrisse e lhe fosse concedido – a ele e somente a ele – testemunhar a mais inesquecível das cenas. A canção, logo identificada como uma cantiga de rodas, é executada por uma adolescente, talvez na mesma faixa de idade que ele. É magrinha, queimada de sol; compleição harmoniosa. Ele vê que executa uma dança e gesticula como se estivesse na companhia de amigas, parceirinhas de folguedo; expediente, talvez, de quem tentasse se adaptar à solidão de um lugar desmesuradamente desprovido de vizinhança. O momento é mágico demais para não ser celebrado e Vadim jamais iria esquecer.

Por não ter percebido a presença dos visitantes, ela continua e até imprime um ritmo mais acelerado e dramático ao compasso. Executa uma dança, utilizando como eixo seu próprio corpo que bamboleia numa flexibilidade extraordinária. De fato, é um folguedo, uma antiga cantiga de rodas, cujos versos são bastante familiares às garotas interioranas e que havia dado à costa brasileira provavelmente no bojo das caravelas:

"O pião entrou na roda, ô pião, roda pião, bambeia, ô pião. Faz corpo de remelexo, ô pião, roda pião, bambeia, ô pião. Entrega seu chapéu a outro, ô pião, roda pião, bambeia, ô pião..."

Seu rosto se ilumina enquanto canta. Ao lado dela, alguém, que Vadim mais tarde saberia tratar-se do senhor Setentrião, dorme. Embalam-no os folguedos da neta e a aragem que desce em partidas volumosas seguindo as veredas e levadas do Horto. Na época, Grandinha era muito pequena, mínima mesmo; um quase nada se olhada no contexto extraordinário daquelas inabitadas colinas.

A casinha onde morava, salvo dois ou três imemoriais juazeiros, é cercada por arbustos carbonizados. Até os juazeiros, eles estão ali esparsos, decrépitos, avaros de sombra, ineficientes mesmo frente aos estafantes mormaços que queimam o mato rasteiro que rodeia a cabana. Apesar da simplicidade e da pobreza no vestir, irradia da menina algo de rico no sentido do extraordinariamente precioso, no sentido do incomensuravelmente inatingível. Encerra a dança do pião. De repente, mostra as mãos às parceirinhas postas ali por sua imaginação, gesto exigido pelo novo folguedo, e canta. São outros versos. Algumas palavras ela pronuncia incompletas, obediência ao contraponto medieval que, como o folguedo anterior, com certeza, um dia aportara em terras brasileiras no bojo de navios colonizadores:

"Na mão direita tem uma rosei... Na mão direita tem uma roseira que dá flor na primave... que dá flor na primavera... Entrai na roda, ó linda rosei... Entrai na roda, ó linda roseira! Abraçai a mais facei... Abraçai a mais faceira!..."

Aos olhos de Vadim era a mais fascinante e graciosa das criaturas. Finalmente ela avista a silhueta dos visitantes. Chama o avô que imediatamente reconhece seu compadre, o cantador José Celibato. Enquanto os adultos conversam, ela faz companhia a Vadim. Juntos inibem-se como acontece com jovens de sua idade, dão risadas, brincam; nasce daí a afeição, a cumplicidade e, nessa ordem, o amor. Naquele dia mesmo, eles se apaixonam. Aquela tarde fora diferente de todas as outras, tanto para Vadim, quanto para Grandinha. Fora seu dia mágico, algo a ser celebrado e reverenciado em todos os momentos e em todas as fases de sua existência. Daquele dia em diante, Vadim e Grandinha jamais se sentiram sozinhos.

Por segundos, esquecera Vadim a crueldade que se desenrolava no povoado. Volta a posicionar sua mão em viseira, acordado do devaneio. Volta a ouvir o barulho indescritível da realidade grosseira da guerra.

Lá embaixo, a azáfama cruel dos soldados persiste. Vadim enxuga as lágrimas da esposa e Militão vendo Grandinha em sua tristeza desconcertante pensa no que poderia fazer para afastá-los dali. Teme por Vadim, cujo ímpeto logo ninguém poderá dominar. Então sugere que o casal retorne para a clareira. Dá-lhes a tarefa de providenciar esconderijo mais eficiente para José Lourenço. Lembra a Vadim que por ser o beato seguidor de Padre Cícero, será unicamente deles, naqueles dias excessivos, a responsabilidade de zelar por sua vida. Na verdade, o que Militão queria era afastar o casal das cercanias do povoado. Amava demais aqueles amigos, eles eram tão jovens e ainda tão cheios de sonhos! Por seu lado, Vadim e Grandinha relutam. Mas a razão prevalece quando são convencidos de que a prioridade era de fato promoverem a salvação dos devotos. Grandinha abraça Militão. Dão-se adeuses. Ela deixa cair uma lágrima quando o esposo, emocionado, a título de despedida, diz ao velho companheiro:

"*Seu* Militão, o senhor foi o melhor amigo que alguém poderia ter tido na vida. Foi uma grande honra contar com a amizade do senhor. Fique com Deus! Rogo aos Céus que possamos nos encontrar em ocasião mais feliz."

Militão pouco fala, a emoção o domina. Agora sozinho, sente-se livre para agir a seu modo. Do povoado, chagam-lhe os ais, as rezas; os inimigos, na tarefa cruel de promover a chacina, discutem prioridades. Há contraordens, correrias. A ira e impulsividade de Militão tomam o lugar da compaixão, do bom-senso, sentimentos que assimilara na convivência com seu padrinho. A crueldade que vê lá embaixo é tanta que por mais fleumático que seja não consegue dominar seus impulsos. Examina a arma. Sempre aquele anseio, sempre sob o domínio daquelas vozes que amiúde o empurravam para as realizações de seus instintos mais primitivos. Dá alguns passos, puxa o ferrolho de seu fuzil e, de repente, chega-lhe dos céus um desconhecido fragor. São aviões, eles estavam ali como um novo experimento de luta. O que restara da bela experiência comunitária de José Lourenço encontrava-se em vias de extinção. Das nuvens, o aço começa a fluir inclemente. Há um matraquear repentino. As aeronaves, em voos rasantes, aproximam-se do povoado, adejam rentes ao solo. Quando alcançam a elevação das encostas do Araripe descarregam seu conteúdo letal. Militão não baixa a cabeça, movido por rebeldia orgulhosa olha para os céus; porém, de súbito, um clarão o encandeia. Ele sente um zumbido, um metralhar intermitente e, de repente, a definitiva escuridão e mais nada.

Na manhã seguinte, seu corpo é encontrado carbonizado. Um observador da aviação brasileira fotografa os restos mortais e aquele registro será levado à Capital Federal. Um pouco mais acima, na entrada da floresta, encontram Vadim e Grandinha. Eles estão abraçados, também se encontram carbonizados, últimas vítimas fadadas a povoar o inconsciente nacional coletivo já tão cheio de traumas e incertezas.

A incinerada igreja da comunidade do Caldeirão depois do ataque de 11 de maio de 1937.

Era onze de maio de 1937. Como em um final de ópera, dá-se a melancólica extinção do projeto socialista do beato sonhador. Terminado o dia, o sol se esconde em um horizonte sem brilho, destituído cores. Vão se cobrindo de sombras as encostas do Araripe, o município do Crato e por fim todo o Vale do Cariri.

A HORA MAIS TRISTE

Mas voltemos àquele ano de 1934, quatorze de julho. Continuemos no quarto onde se encontra Padre Cícero. Faltam seis dias para a data sombria de seu passamento.

Naquele quatorze de julho, Grandinha presta especial atenção às palavras de seu padrinho. Há tempos não se sentia tão necessária e feliz. Para ela, a recuperação do sacerdote e a possibilidade de conversarem prazerosamente sem a contingência de uma possível piora são como um presente vindo de Deus; faz-lhe bem à alma e torna seu coração mais sereno.

A despeito de um ligeiro desgoverno sonoro que no passado se instalara nas cordas vocais do sacerdote – uma incômoda dislalia causada por disfunção cerebral –, sua voz se encontra satisfatoriamente potente. Grandinha responde às indagações todas com aquela amabilidade e atenção especiais quase sempre encontradas nos admiradores de Padre Cícero.

Naquele dia, as reticências com que ele ponteia suas frases provêm muito mais do cansaço, mercê do mormaço insuportável que se abatia sobre as casas de Juazeiro. Aliás, naquele dia, a soleira amolentava a todos, da criança ao ancião; o sol no Cariri, naquela estação do ano, parecia não querer se afastar sequer um centímetro do zênite.

Centenas de romeiros reúnem-se em frente à residência de Padre Cícero e na esplanada da igreja matriz. Rezam, cantam, fazem promessas, enquanto esperam informações mais detalhadas sobre a saúde do sacerdote. Estão preocupados, mas depositam suas esperanças nos Céus. Há gente de Milagres, Porteiras, Barbalha, Campos Sales, Quixeramobim... Desde que souberam do agravamento da doença do sacerdote, acorrem, encontram-se inteiramente alheados. Tamanho ajuntamento só acontecia por duas ou três vezes ao ano, no aniversário da cidade, nas novenas de maio ou nas festas em homenagem à Mãe das Candeias. Entre uma notícia e outra, entre uma ladainha e um bendito, eles pedem a Deus, cheios de crença, pela convalescença e completo restabelecimento de seu padrinho.

Por ocasião das declarações que dera em 1935, sobre os últimos dias de Padre Cícero, beata Mocinha contara que naquelas noites eram vistas milhares de chamas votivas descendo as veredas do Horto. Não se tratava de velas, esclarecera a religiosa, eram os candeeiros que as sertanejas levavam equilibrados sobre as cabeças ao descerem em busca da residência do sacerdote. Graças ao editor de um periódico da região, essa declaração seria conservada literalmente, pois julgou ser um dos textos que melhor exemplificavam a retórica poético-místico-religiosa da época e que tornavam legendárias as histórias ligadas aos últimos dias de Padre Cícero. Eis, em sua forma íntegra, trecho da declaração da beata:

"... Conservando-se em fila, aquelas sertanejas, meu senhor, desciam o Horto, caminhando e cantando num belo coral de senhoras. Por aquelas noites, a cidade de Juazeiro parecia o Céu na Terra. Com todos aqueles luzeiros, a frente da igreja de Nossa Senhora das Dores virara uma extensão estrelada do firmamento de Deus, uma Jerusalém muito linda, tudo para honrar e homenagear e pedir pela saúde de meu padrinho."

Estamos a dois dias da morte de Padre Cícero. Dezoito de julho[21]. Nesta tarde, depois da saída dos doutores Mozart e Belém de Figueiredo, ele pede para ver alguns de seus "romeirinhos". Com a anuência de beata Mocinha, que tentava seguir à risca as recomendações dadas por Doutor Mozart, Militão vai à esplanada da igreja matriz. De lá, traz um pequeno grupo, pessoas que acabavam de chegar do Apodi cearense.

---

21 Na noite deste mesmo dia, agrava-se o estado de saúde de Padre Cícero. Dr. Mozart e Dr. Belém de Figueiredo diagnosticaram paralisia intestinal e insuficiência cardiorrenal, que dois dias depois levariam a óbito o sacerdote.

Entram no quarto e, intimidados, arriscam pedir a bênção a Padre Cícero. O sacerdote responde aos cumprimentos, abençoa-os e a seguir tenta se erguer para que a voz lhe saia com o máximo de abrangência. É conciso, pausado, mas suas ideias são claras, inteiramente compreensíveis:

– Como veem... estou quase completamente cego, sem movimentos maiores... Vou falar pouco, não posso me esgotar, estou proibido de me exceder... Doutor Mozart tem razão, não posso me cansar, não desnecessariamente... Perdoem a pobreza desta recepção e por bondade permitam que eu permaneça deitado.

– Sim, meu padrinho... Se deite. Nós entendemos o *sinhô*... Fique tranquilo, não se avexe por nós, não... Só a presença do *sinhô*, avemaria...

Algumas palavras de Padre Cícero se perdem esmorecidas no ar. Porém, na maioria das vezes, suas frases são bem audíveis, malgrado alguns deslizes próprios de pessoas já neste estágio da vida. Nos intervalos das dores, dos enjoos, para desanuviar, brinca. Para surpresa dos peregrinos, ainda há humor em suas colocações:

– ... Agora estou nas mãos de Deus... e destes dois enfermeirinhos... Ultimamente dou mais trabalho a eles que a meu Deus, pois me tornei rabugento.

Grandinha, Militão e beata Mocinha sorriem. Mocinha, no afã de querer mitigar as dores de seu padrinho, numa interferência ditada por puro automatismo, reclina-se, apanha um travesseiro e o ajeita sob a nuca do sacerdote. Padre Cícero agradece, recosta-se, busca fôlego e continua o diálogo:

– Vejo que se encontram cansados... É a época dos grandes mormaços no Cariri... Muito sol nas estradas, meus peregrinos?...

– Sim, meu padrinho... Muito. Muito sol mesmo. Andamos neste sol a pino, neste sertão de meu padrinho, umas boas léguas puxadas...

– É o sol do Cariri... O sol do Cariri nesta época do ano é famoso. É terrível e belo ao mesmo tempo...

– Sim, meu padrinho...

– Quando fui nomeado vigário de Tabuleiro Grande...

Nessa hora, Padre Cícero toma fôlego para que suas palavras saiam com determinação e vigor. Então, doa-se à saudade, a doces reminiscências:

– Quando fui nomeado vigário de Tabuleiro Grande, viajava nas primeiras horas do dia... Preferia... O vento era morno e a caminhada nos dava grande prazer. Munia-me de um chapéu de palha a me servir de barrete... As estradas de Tabuleiro em noites de lua cheia ou mesmo em dias de muito calor faziam bem à alma de todos que fossem sedentos de vida...

– Mas meu padrinho viajava a cavalo?...

– Sim. Algumas vezes a cavalo, outras a pé. Viajava a cavalo principalmente quando ia visitar meus paroquianos em lugares afastados de Tabuleiro Grande. As noites de lua cheia nas estradas do Cariri... quem vivenciou tal alegria jamais poderá esquecer.

Por ser um cavalheiro, educado nas normas e na etiqueta da cultura jesuítica, temendo monopolizar a conversa, pergunta:

– E os senhores?... Vieram de longe?...

– Jaguaruana, meu padrinho, na chapada do Apodi... Viemos de tão longe para rezar mais o povo de Juazeiro pelo restabelecimento da saúde de meu padrinho...

– Jaguaruana... Então, quando voltarem a Jaguaruana, digam ao povo de lá que agradeço... Agradeço aos apodienses e aos romeiros de todo o Nordeste... E a estes que há dias fazem vigília aí fora.

– Sim, meu padrinho, digo sim. Quando terminar nossa visita, nós vamos nos juntar a esse povo. Vamos pedir pela volta da saúde de meu padrinho...

Em momentos assim, há um assunto sempre intocável, a inevitabilidade da morte. Porém, Padre Cícero não tem receios em abordá-lo, com naturalidade consegue colocá-lo em questão:

– Uma das grandes certezas da vida é a morte, meus filhos... Mas, desta não tenho medo. Tenho saudade é da vida... Sinto tristeza é de deixar meus romeirinhos que sempre permaneceram ao meu lado.

Quando Padre Cícero menciona a morte como algo inescapável e fala em despedidas com voz de tom sentido, cuja melancolia nasce das reminiscências difíceis de evitar, uma grande tristeza cobre o quarto e os demais compartimentos da casa. Há silêncio. Lágrimas descem desavisadas sulcando as faces dos visitantes. O velho, que tão decididamente havia sustentado a conversa com Padre Cícero, nessa hora titubeia. Disfarça, desvia os olhos do sacerdote que parece infinitamente cansado. Depois de alguns segundos, Mocinha sugere que já devem dar por encerrada a audiência. Os companheiros anuem, mas o velho romeiro, que se encontra visivelmente alterado, reluta. Não deseja sair sem demonstrar um pouco mais de gratidão à bondade de seu padrinho. Sempre quisera visitar Padre Cícero e ver aquele desejo tão satisfatoriamente realizado faz com que queira eternizar a conversa. Está cheio de gratidão e não quer represar as palavras; não em um momento como aquele, tão inesquecível e extraordinário. Sabia que estava agindo de um modo egoísta. Já percebera a fraqueza nos olhos de seu padrinho. Seria, no entanto, o próprio sacerdote, a despeito de um desgaste interior a lhe marcar as feições, que voltava a restabelecer o diálogo.

– Não, querida Mocinha... Deixe... Um tempinho mais e estaremos dando por encerrada a conversa.

E dirigindo-se ao velho apodiense:

– O nome do senhor?... Peço-lhe desculpas se fui rude e não o tratei pelo nome...

– Não, meu padrinho, não tem nada, não. Mariano, Padre Cícero... Meu nome de batismo é Mariano Flores da Cruz, ao dispor de meu padrinho...

– Mariano Flores da Cruz... O senhor ia dizendo o quê, *seu* Mariano?...

– ... Sim. É sobre o que meu padrinho disse ainda há pouco, sobre sua gratidão aos romeiros... Eu queria falar que o povo é quem tem de agradecer a meu padrinho. As alegrias conseguidas ao longo desses anos através de meu padrinho são tantas que será muito difícil o povo um dia esquecer... E eu sei que com o restabelecimento de meu padrinho muitas alegrias o sinhô ainda reservará ao povo de todo o Nordeste.

Na ânsia de agradar, o velho romeiro descuida-se das regras que regem o desenvolvimento de um diálogo elegante. Não dá tempo à réplica. Porém, se parece desrespeitoso, é por pura compulsão. Sua vontade é somente agradar. Para eles, ali presentes, é mágico demais aquele momento com Padre Cícero.

– Por causa de meu padrinho, o povo da chapada do Apodi, meu padrinho, andava sempre com um sorriso estampado... Talvez tenha sido a época mais bonita que Jaguaruana viveu... E vai viver, querendo Deus, pois tenho certeza da volta da saúde de meu padrinho.

Aproxima-se mais, porém sempre guardando distância, continua:

– Viu, meu padrinho... Só mais uma coisa, e vou ser breve para não abusar do cansaço do *sinhô*: hoje foi um dia feliz demais para nós apodienses... Em nome de todos quero agradecer... Agora vamos sair e nos juntar ao povo de Juazeiro para rezar pela saúde de meu padrinho... Mas só essa audiência que tivemos a sorte de conseguir com o *sinhô*, avemaria!

– O prazer foi meu, seu Mariano... Mas não me iludo. A sentença bíblica "*O salário do pecado é a morte, mas o dom gratuito de Deus é a vida eterna*" nunca foi tão clara e tão perfeitamente compreendida por mim quanto nesses meses de minha doença... Agora sei o porquê de sermos tão apegados às satisfações deste mundo, às alegrias da carne. A vida é prazerosa demais e sentimos isso principalmente quando estamos enfermos. Como um peregrino sedento e faminto que chega ao fim da viagem, agora eu sei o valor de uma simples caneca de água e de um punhado bom de farinha...

Mais uma vez lágrimas sulcam o semblante do senhor Mariano. Aquelas últimas palavras soaram como despedida, o que o faz murmurar: "jamais haverá padrinho melhor para nós sertanejos, meu padrinho, que o senhor, Padre Cícero", mas optou por não verbalizar em voz clara, pois a tristeza interior cada vez mais lhe confrangia a garganta.

Preocupando-se Militão com aquela emoção em demasia, principalmente por parte de Padre Cícero, gesticula que deveriam dar por encerrada a visita. Porém, Mariano, o velho apodiense, lembra-se ainda de algo imprescindível, o que o faz dirigir-se à beata Mocinha:

"Ah, viu, minha beata?... Será que dona Mocinha pode interceder junto a meu padrinho para que ele nos conceda, antes de nossa saída, a bênção das santas águas?..."

Ela transmite o pedido e, com o auxílio de Militão, Padre Cícero puxa sobre o peito uma estola verde-água. Segura com a ajuda de Grandinha o aspersório e tenta espalhar o líquido sagrado, fazendo-o em arremetidas lentas, com braços amolentados e emurchecidos. Exigiu um esforço imenso, mas foi um gesto nobre de um sacerdote gentil que se mostrou até o fim cuidadoso em tratar com apreço seus peregrinos.

Essa audiência seria a última e obedecera a um impulso da vontade férrea do sacerdote. Dois dias depois, em vinte de julho, às sete horas, Padre Cícero falece.

Contam que ao ter sido constatado o passamento de Padre Cícero, Mocinha soltara um lamento de dor lancinante. Quanto a Militão, ele dissera que, tirando a morte do pai, nunca havia se sentido tão desiludido e tão profundamente amargurado e sozinho.

Na ida do cortejo à igreja do Socorro, dia 21, uma multidão movimenta-se desconsolada. As dissonâncias melancólicas dos lamentos, ladainhas e incelências, misturados à cacofonia saída das rabecas e matracas litúrgicas, seriam os sons do adeus, a trilha sonora que ficaria gravada na memória dos cearenses.

Anos depois, beato José Lourenço é visto em terras pernambucanas e há quem sustente que era seguido por Mansinho. Por ter sobrevivido ao massacre do Caldeirão, José Lourenço fora condenado a carregar na alma, numa andança de sofrimentos e peregrinações sem precedentes, essas tristes memórias e as lembranças dos dias passados no convívio com Padre Cícero.

FIM

INFORMAÇÕES SOBRE A PASAVENTO

Para saber mais sobre os títulos e autores
da EDITORA PASAVENTO,
visite o site www.pasavento.com.br
e curta a nossa rede social.

www.pasavento.com.br

facebook.com/pasavento

Editora Pasavento
Rua Murilo Furtado, 145
02270-000 – São Paulo – SP
Tel.: (11) 2949-1875
E-mail: pasavento@pasavento.com.br

Esta obra foi composta em Warnock Pro e impressa
na Lis Gráfica para a Editora Pasavento em fevereiro de 2015